Sommaire

Les entrées

Les plats

Les desserts

Index

Et pour chaque recette, des astuces pour réussir vos plats préférés et des idées pour vous organiser :

- **Peut se faire la veille**
- **Se congèle facilement**
- **Convivial**
- **Pas cher**
- **Exotique**
- **Chic**
- **Rapide**
- **Pour les débutants**

Un vin vous est proposé pour chaque recette.

L'abus d'alcool est dangereux pour la santé.

Chic

Convivial

Exotique

Pas cher

Les entrées

Peut se faire la veille

Pour les débutants

Rapide

Se congèle facilement

Assiette de crostinis

Préparation : 20 min - Cuisson : 10 min
Difficulté : facile - Budget : pas cher

☺ Convivial

Ingrédients pour 6 personnes

Pour chaque recette :
- 1 gros pain rond de campagne ou un pain italien
- 1 petit oignon blanc coupé grossièrement
- 1 gousse d'ail pilée
- 8 cl d'huile d'olive extra-vierge
- 1 cuill. à soupe de persil
- 1 cuill. à café d'origan frais
- 1 cuill. à café de basilic frais
- 1 cuill. à café de jus de citron vert
- Roquette
- Sel, poivre

Pour les garnitures :
- 250 g d'olives noires dénoyautées
- 250 g de champignons hachés
- 250 g de tomates

1 Pour la garniture aux olives : lavez, séchez et effeuillez le persil et l'origan, puis hachez-les grossièrement. Mixez les olives, l'oignon, l'ail et du poivre en une pâte grossière. Ajoutez l'huile progressivement en laissant tourner le mixeur. Incorporez les herbes et le jus de citron. Réservez au frais recouvert de film alimentaire.

2 Pour la garniture aux champignons : procédez comme pour les olives.

3 Pour la garniture aux tomates : procédez de la même manière en remplaçant les olives par des dés de tomates et l'origan par du basilic.

4 Coupez le pain en tranches de 1 cm. Disposez les tranches en une seule couche sur une plaque du four et badigeonnez-les d'un peu d'huile. Enfournez dans le four assez chaud 5 minutes de chaque côté environ jusqu'à ce qu'elles soient croustillantes et dorées. Laissez-les refroidir.

5 Tartinez les crostinis dès la sortie du four, décorez-les de quelques feuilles de roquette et servez-les sans attendre.

Pour gagner du temps, vous pouvez préparer les garnitures la veille et les conserver au réfrigérateur sous film alimentaire. Attendez le dernier moment pour tartiner les crostinis afin qu'ils ne ramollissent pas.

St-Chinian rosé à 9 °C

Bruschetta aux olives

Préparation : 15 min - Cuisson : 3 min
Difficulté : très facile - Budget : pas cher

Pas cher

1 Préchauffez le four en position gril.

2 Rincez et essuyez les tomates, puis coupez-les en petits dés. Retirez les pépins. Coupez la mozzarella en tranches. Égouttez les olives et coupez-les en quatre. Lavez, séchez et ciselez le basilic.

3 Toastez légèrement les tranches de pain pour les raidir. Frottez-les avec la gousse d'ail et posez-les sur la lèchefrite.

4 Versez quelques gouttes d'huile. Tapissez de tranches de mozzarella, salez, poivrez, puis posez dessus les dés de tomates et d'olives. Parsemez de basilic ciselé.

5 Placez sous le gril pendant 3 minutes. Coupez les tartines avant de les servir à l'apéritif.

Vous pouvez servir ces tartines en entrée en doublant les quantités et les accompagnant d'une salade de roquette.

Graves blanc à 9 °C

Ingrédients pour 6 personnes

- 6 tranches de pain de campagne
- 2 belles tomates mûres
- 1 gousse d'ail
- 2 boules de mozzarella
- 50 g d'olives noires
- 50 g d'olives vertes
- Basilic
- Huile d'olive
- Sel, poivre

Toasts de fête

Préparation : 30 min - Cuisson : 15 min
Difficulté : facile - Budget : abordable

Chic

1 Pour les toasts au pesto : écrasez deux cuillères à soupe de pignons de pin avec l'ail haché, du basilic et deux cuillères à soupe d'huile d'olive, puis salez. Râpez 60 g de pecorino et incorporez-le petit à petit dans la préparation. Versez deux autres cuillères à soupe d'huile. Salez, poivrez et ajoutez une cuillère à soupe de pignons de pin. Faites griller les tranches de baguette. Étalez un peu de pesto sur chaque tranche et râpez le reste de pecorino sur les toasts.

2 Pour les toasts aux figues : faites griller les tranches de baguette. Écrasez légèrement le fromage et tartinez-le sur les tranches de pain. Lavez et essuyez les figues. Coupez-les en tranches et posez-les sur le fromage.

3 Pour les toasts aux St-Jacques : épluchez le raifort et coupez-le en très fines tranches. Trempez-le dans le jus de betterave pour le colorer, puis essuyez-le dans du papier absorbant. Trempez les noix de St-Jacques 20 minutes dans un peu de lait, puis essuyez-les. Faites-les cuire sur chaque face, sans les griller, dans un peu de beurre pendant 2 minutes environ, puis salez légèrement. Coupez le pain aux céréales à l'emporte-pièce et beurrez-le. Coupez les noix de St-Jacques en tranches fines et posez-les sur le pain. Couvrez de tranches de raifort et décorez de persil. Poivrez.

Préparez tous les ingrédients en avance et réservez-les au frais recouvert de film alimentaire. Grillez les toasts en avance, mais attendez le dernier moment pour les tartiner.

Champagne à 7 °C

Ingrédients pour 6 personnes

- 20 tranches de baguette
- 10 tranches de pain aux céréales
- Sel, poivre

Toasts au pesto :
- 3 gousses d'ail
- 1 bouquet de basilic
- 100 g de pecorino
- Huile d'olive
- Pignons de pin

Toasts aux figues :
- 125 g de roquefort
- 2 à 3 figues fraîches

Toasts aux St-Jacques :
- 1 morceau de raifort
- 150 g de noix de St-Jacques
- 20 cl de jus de betterave rouge
- Lait
- Beurre
- Persil

Chips de pommes de terre

Préparation : 20 min - Cuisson : 10 min
Difficulté : facile - Budget : pas cher

Peut se faire la veille

1 Épluchez les pommes de terre, rincez-les sous l'eau froide, essuyez-les bien et coupez-les en tranches très fines à l'aide d'un économe ou d'une mandoline.

2 Faites-les tremper dans de l'eau froide pendant 5 minutes, égouttez-les, puis remettez-les à tremper dans une nouvelle eau pendant 5 minutes. Égouttez-les à nouveau, puis épongez-les dans du papier absorbant.

3 Faites chauffer l'huile dans une friteuse ou une sauteuse et faites-y frire les chips en plusieurs fois jusqu'à ce qu'elles soient dorées et croustillantes.

4 Retirez-les de la friteuse avec une écumoire, puis égouttez-les sur du papier absorbant.

5 Salez et servez aussitôt.

Testez aussi les chips de betterave ou de céleri. Procédez de la même manière, sans les faire tremper. C'est original et délicieux pour l'apéritif.

Bordeaux blanc sec à 9 °C

Ingrédients pour 6 personnes

- 800 g de pommes de terre
- Huile végétale pour friture
- Sel

Dips de crudités

Préparation : 35 min - Pas de cuisson
Difficulté : facile - Budget : pas cher

☺ Convivial

1 Nettoyez les légumes et coupez-les en bâtonnets.
2 Pour le dip au chèvre : écroûtez la bûche de chèvre. Écrasez le fromage à la fourchette et mettez-le dans un bol. Incorporez le yaourt grec, le yaourt brassé et l'ail que vous aurez passé dans le presse-ail. Salez et poivrez. Versez une cuillère à soupe d'huile d'olive. Mélangez bien et réservez au frais.
3 Pour le dip à la moutarde : mélangez dans un bol la crème épaisse, la moutarde forte et la Savora. Salez et poivrez. Versez le fromage blanc et battez au fouet pour lisser la préparation. Lavez, séchez et ciselez la ciboulette. Parsemez la sauce de ciboulette et mettez au frais.
4 Pour le dip au roquefort : faites égoutter la faisselle la veille. Le jour-même, écrasez le roquefort à la fourchette, démoulez la faisselle et mélangez-la avec le roquefort. Salez et poivrez, et réservez au frais.

Ingrédients pour 6 personnes

- Légumes de saison
- Huile d'olive
- Sel, poivre

Pour le dip grec au chèvre :
- 80 g de bûche de chèvre
- 1 yaourt grec
- 1 yaourt brassé
- ½ gousse d'ail

Pour le dip à la moutarde :
- 250 g de fromage blanc
- 30 g de crème fraîche épaisse
- 1 cuill. à café de moutarde forte
- 1 cuill. à soupe de moutarde Savora
- 2 cuill. à soupe de ciboulette

Pour le dip au roquefort :
- 150 g de faisselle
- 40 g de roquefort

Variez les légumes : carottes, céleri, poivrons, bouquets de choux-fleurs crus, petits oignons nouveaux épluchés, concombre en bâtonnets, pois gourmands, tomates cerises, endives… et présentez-les dans un panier sur un lit de salade verte.

Sauvignon de Touraine à 9 °C

Boulettes de bœuf au chili

Préparation : 15 min - Cuisson : 10 min
Difficulté : très facile - Budget : abordable

Exotique

1 Préparez la sauce : égouttez les poivrons. Rincez-les sous l'eau froide, puis hachez-les finement. Lavez, séchez, épépinez et coupez très finement les piments. Pelez l'ail et l'oignon, et hachez-les finement. Ajoutez-les aux poivrons et aux piments. Ajoutez une cuillère à soupe de vinaigre de vin, puis tous les autres ingrédients. Mélangez, puis salez et poivrez. Laissez reposer le temps de préparer les brochettes.

2 Brossez le citron sous l'eau froide et râpez finement l'équivalent d'une cuillère à café de zeste. Battez légèrement les œufs. Pelez l'ail et pilez-le.

3 Mélangez la viande hachée, la chapelure, le zeste de citron, le cumin, la coriandre, l'ail et l'œuf dans un saladier. Remuez bien. Divisez la préparation en douze parts et façonnez chaque portion en une boulette ronde. Enfilez les boulettes sur des petites piques en bois.

4 Faites cuire les boulettes dans une grande poêle anti-adhésive jusqu'à ce qu'elles soient à point et en les retournant régulièrement.

5 Saupoudrez-les de paprika et servez chaud accompagné de la sauce douce aux poivrons et aux piments.

Pour que les boulettes conservent mieux leur forme, vous pouvez les faire cuire au four en les retournant régulièrement pendant la cuisson.

Corbières rouge à 17 °C

Ingrédients pour 6 personnes

- 800 g de bœuf haché
- 80 g de chapelure
- 2 œufs
- 1 citron
- 1 cuill. à soupe de cumin
- 1 cuill. à soupe de coriandre moulue
- 1 pincée de poudre de chili
- 1 pincée de paprika
- 1 gousse d'ail

Pour la sauce :

- 1 petit bocal de poivrons rouges
- 4 piments rouges
- ½ oignon rouge
- ½ gousse d'ail
- 15 cl d'huile d'olive
- Vinaigre de vin
- Sel, poivre

Rouleaux de courgettes et de poivrons

Préparation : 15 min - Cuisson : 10 min
Difficulté : difficile - Budget : abordable

Peut se faire la veille

Ingrédients pour 6 personnes :

- 2 courgettes
- 1 poivron rouge
- 1 poivron jaune
- 1 petite boîte de thon à la tomate
- 1 petite boîte de thon à l'huile
- 1 cuill. à soupe de mayonnaise
- 6 brins de persil
- Sel, poivre

1 Lavez les courgettes. Ôtez les pépins avec une petite cuillère et coupez des tagliatelles à l'aide d'un économe. Lavez les poivrons. Retirez les côtes blanches et les pépins, et coupez-les en lanières. Faites cuire les courgettes et les poivrons à la vapeur pendant 10 minutes. Ils doivent rester croquants. Réservez-les.

2 Mélangez le thon à l'huile à la mayonnaise. Lavez, séchez et ciselez le persil.

3 Étalez les lanières de courgettes. Séchez-les avec du papier absorbant. Étalez une fine couche de thon à la tomate. Formez un rouleau et maintenez-le fermé à l'aide d'un pic en bois.

4 Étalez les lanières de poivrons. Séchez-les dans du papier absorbant et étalez une fine couche de thon à l'huile. Formez un rouleau et maintenez-le fermé à l'aide d'un pic en bois. Parsemez de persil ciselé.

5 Servez ces petits rouleaux de légumes à l'apéritif accompagnés de tranches de pain de campagne grillées.

Garnissez aussi les rouleaux de courgettes de tapenade et les rouleaux de poivrons de chèvre frais.

Collioure rosé à 11 °C

Tartelettes de parmesan à la crème de poivrons

Préparation : 10 min - Cuisson : 5 min
Difficulté : difficile - Budget : abordable

Rapide

1 Égouttez les poivrons et rincez-les sous l'eau froide. Mettez-les dans une passoire sur pied.

2 Lavez, séchez et ciselez la moitié des feuilles de sauge. Mixez les poivrons avec le mascarpone et la sauge ciselée. Réservez.

3 Préparez les tartelettes de fromage : mélangez le parmesan et la farine. Faites chauffer une poêle à blanc. Lorsqu'elle est bien chaude, déposez-y le parmesan et laissez fondre doucement. Au bout de quelques minutes, enlevez-le de la poêle et divisez-le en six parts. Mettez-les dans des mini-moules et laissez durcir et prendre la forme des moules.

4 Lavez et séchez la tomate. Retirez les pépins et le jus, puis coupez-la en tout petits cubes.

5 Quand les coupelles au parmesan sont froides, remplissez-les de la crème de poivrons. Décorez des cubes de tomates et des feuilles de sauge entières. Servez frais à l'apéritif.

Enfoncez des petits cubes de lard, de jambon ou de feta dans la crème de poivrons.

Faugères rosé à 9 °C

Ingrédients pour 6 personnes

- 250 g de parmesan
- 40 g de farine
- 1 boîte de poivrons jaunes en conserve
- 1 tomate
- 100 g de mascarpone
- Quelques feuilles de sauge

Ingrédients pour 2 verres de chaque cocktail

Pour le Bon cocktail :
- 4 cl de Cointreau
- 4 cl de Martini blanc
- ½ citron jaune
- Ginger-ale
- 1 citron vert
- 1 tige de menthe
- 2 cuill. à café de glace pilée

Pour le cocktail Hermitage :
- 3 cl de rhum
- 3 cl de Malibu coco
- 3 cl de curaçao
- 12 cl de jus d'ananas

Pour le cocktail au champagne :
- 2 pamplemousses roses
- 1 bouteille de champagne rosé
- Zeste de pamplemousse confit

Cocktails d'été

Préparation : 15 min - Pas de cuisson
Difficulté : très facile - Budget : cher

Pour les débutants

1 Pour le Bon cocktail : pressez le citron et versez le jus dans un shaker. Ajoutez le Cointreau et le Martini. Agitez bien pour mélanger. Déposez une cuillerée à café de glace pilée dans chaque verre et versez-y le contenu du shaker. Complétez avec du ginger-ale selon votre goût et décorez de tranches de citron vert et de feuilles de menthe.

2 Pour le cocktail Hermitage : versez dans un shaker sur des glaçons le rhum, puis le Malibu coco, le curaçao et terminez par le jus d'ananas. Secouez et servez.

3 Pour le cocktail au champagne : pelez un des pamplemousses et détachez les quartiers, pressez le jus de l'autre. Mettez dans chaque verre deux quartiers de pamplemousse et une cuillerée à soupe de jus de pamplemousse. Versez par-dessus le champagne rosé frais, ajoutez un zeste de pamplemousse confit et dégustez aussitôt.

Glacez le bord des verres en les retournant sur une soucoupe de sirop ou de citron, puis sur une soucoupe de sucre en poudre. Mettez-les au réfrigérateur ou au congélateur jusqu'au moment de les utiliser.

Punch tahitien

Préparation : 10 min - Pas de cuisson - Macération : 24 à 72 h
Difficulté : facile - Budget : abordable

Exotique

1 Mélangez le rhum, le sucre de canne et les jus de fruits. Pressez le jus des citrons verts. Fendez la gousse de vanille en deux et grattez les graines avec la pointe d'un couteau. Ajoutez le jus de citron, les épices, ainsi que les graines et la gousse de vanille.

2 Faites macérer deux à trois jours. (Pour une recette express, ce punch peut également être réalisé le jour même).

3 Ajoutez les fruits le jour même. L'ajout de fruits n'est pas obligatoire, vous pouvez aussi ajouter seulement quelques tranches de citron vert pour la décoration.

Proposez également un punch sans alcool en remplaçant le rhum par de la limonade. De la même manière, préparez-le la veille et attendez le jour même pour faire macérer les fruits.

Ingrédients pour 6 personnes

- 50 cl de vieux rhum
- 50 cl de jus d'orange
- 50 cl de jus d'abricot
- 50 cl de jus de fruits de la passion
- 30 cl de sirop de sucre de canne
- 2 citrons verts
- 1 gousse de vanille
- 1 bâton de cannelle
- 2 clous de girofle
- Des fruits de saison (oranges, citrons, ananas, pommes…)

Sangria

Préparation : 15 min - Pas de cuisson - Réfrigération : 24 h
Difficulté : facile - Budget : pas cher

Peut se faire la veille

Ingrédients pour 6 personnes

- 2 bouteilles de vin rouge
- ½ l de rhum
- 30 cl de soda à l'orange
- 20 cl de soda au citron
- 150 g de sucre en poudre
- 3 citrons
- 3 citrons verts
- 4 oranges
- 2 bâtons de cannelle
- 2 gousses de vanille
- 2 pincées de noix de muscade
- 1 pincée de gingembre

1. La veille, mélangez tous les liquides dans un grand récipient.
2. Ajoutez les épices.
3. Placez au frais pendant 24 heures.
4. Le jour même, brossez les citrons et les oranges sous l'eau froide. Coupez-les en rondelles et ajoutez-les à la sangria 1 à 2 heures avant de servir.
5. Placez au frais jusqu'au moment de servir.

Variez les fruits selon les saisons : pommes, bananes, pêches, abricots, poires, fraises, framboises... Remplacez le Rhum par du Cointreau selon vos goûts et laissez macérer entre 24 à 48 heures, c'est encore meilleur !

Gaspacho

Préparation : 20 min - Pas de cuisson - Réfrigération : 2 h
Difficulté : facile - Budget : pas cher

Peut se faire la veille

1 Épluchez les oignons et l'ail. Effilez le céleri. Coupez le poivron en deux, retirez les pépins et les côtes blanches. Plongez les tomates dans de l'eau bouillante, puis pelez et épépinez-les. Pelez le concombre, coupez-le en deux dans la longueur et retirez les graines avec une petite cuillère.

2 Coupez en minuscules cubes l'équivalent de trois cuillères à soupe d'un mélange oignon, tomate, poivron et concombre. Réservez-les au frais recouvert de film alimentaire.

3 Coupez grossièrement le reste des légumes et réduisez-les en purée à l'aide d'un mixeur. Assaisonnez avec l'huile d'olive, du sel, du poivre et le jus du citron. Si la consistance est trop épaisse, allongez la soupe avec un peu d'eau. Réservez au frais pendant au moins 2 heures.

4 Servez le gaspacho bien frais accompagné des petits cubes de légumes et de croûtons de pain présentés dans des coupelles individuelles.

Pour un gaspacho plus goûté, mixez les tomates avec leur peau. Et pour une recette chic et tendance, servez les gaspachos dans des petits verres sur un fond de guacamole.

Tavel à 9 °C

Ingrédients pour 6 personnes

- 8 tomates
- 3 oignons nouveaux
- 1 gros poivron rouge
- 1 concombre
- 1 petit cœur de céleri
- 1 gousse d'ail
- 1 citron
- 1 filet d'huile d'olive
- Sel, poivre

Soupe à l'oignon

Préparation : 15 min - Cuisson : 30 min
Difficulté : très facile - Budget : pas cher

Peut se faire la veille

1 Faites dissoudre les deux cubes de bouillon dans 1 l d'eau chaude.

2 Pelez les oignons et émincez-les en lamelles. Pelez et hachez l'ail.

3 Dans une grande cocotte ou une marmite posée sur feu moyen, faites revenir les oignons dans le beurre avec un peu de sel. Remuez souvent. Quand les oignons ont blondi, ajoutez la farine et l'ail, puis versez le bouillon. Dès l'ébullition, baissez le feu, couvrez et laissez cuire 15 minutes. Poivrez.

4 Pendant ce temps, allumez le four en position gril. Toastez les tranches de pain et râpez le fromage.

5 Versez la soupe soit dans des bols individuels soit dans un grand plat creux pouvant aller au four. Couvrez la soupe de tranches de pain. Éparpillez le fromage râpé et passez sous le gril le temps que le fromage gratine. Servez aussitôt.

Pour une soupe plus sucrée, utilisez des oignons rouges. Et pour ne pas pleurer, plongez les oignons quelques minutes dans de l'eau chaude avant de les peler. Vous pouvez utiliser des oignons émincés surgelés.

Alsace-Sylvaner à 9 °C

Ingrédients pour 6 personnes

- 1 kg d'oignons
- 150 g de beurre
- 300 g de comté
- 2 cubes de bouillon de volaille
- 6 tranches de pain de campagne
- 1 gousse d'ail
- 1 cuill. à soupe de farine
- Sel, poivre

Soupe de potiron

Préparation : 20 min - Cuisson : 40 min
Difficulté : très facile - Budget : pas cher

Peut se faire la veille

1 Retirez la peau du potiron. Coupez la chair du potiron en morceaux. Pelez les pommes de terre et coupez-les en gros dés. Faites cuire le potiron et les pommes de terre dans 1,5 l d'eau bouillante salée pendant 30 à 35 minutes.

2 Passez le tout au moulin à légumes ou au mixeur, puis allongez le potage avec le lait bouillant pour lui donner une consistance crémeuse.

3 Poivrez et ajoutez la noix de muscade. Rectifiez l'assaisonnement si besoin. Versez dans des petits bols, ajoutez une cuillère à soupe de crème fraîche épaisse dans chaque bol et servez aussitôt.

Pour plus de consistance, ajoutez un peu de mie de pain avant de mixer, et pour une saveur plus sucrée, ajoutez un peu de concentré de tomates.

St-Véran à 12 °C

Ingrédients pour 6 personnes

- 1 kg de potiron
- 500 g de pommes de terre
- ½ l de lait
- 1 pincée de noix de muscade
- 3 cuill. à soupe de crème fraîche épaisse
- Sel, poivre

Ingrédients pour 6 personnes

- 1 kg de carottes
- 1 pomme de terre
- 1 oignon
- 50 g de gingembre frais
- 1 cube de bouillon de volaille
- 15 cl de crème liquide
- 1 cuill. à café de coriandre en poudre
- 1 cuill. à café de cumin
- 3 cuill. à soupe d'huile d'olive
- Quelques feuilles de roquette pour la décoration
- Sel, poivre

Velouté de carottes au gingembre

Préparation : 15 min - Cuisson : 25 min
Difficulté : très facile - Budget : pas cher

Pour les débutants

1 Épluchez les carottes et coupez-les en rondelles. Pelez la pomme de terre et coupez-la en lamelles. Épluchez l'oignon, émincez-le et faites-le revenir dans l'huile d'olive jusqu'à ce qu'il devienne translucide. Ajoutez alors les rondelles de carottes et la pomme de terre, et faites revenir 5 minutes.

2 Pendant ce temps, faites dissoudre le cube dans 1 l d'eau bouillante et versez le bouillon sur les légumes. Râpez le gingembre. Incorporez les épices en poudre et le gingembre, du sel et du poivre. Baissez le feu et laissez cuire 15 minutes.

3 Retirez du feu et mixez pour obtenir un velouté lisse et crémeux. Ajoutez la crème juste avant de servir et décorez d'une feuille de roquette.

Parfumez ce velouté selon vos goûts : gingembre/citron vert, gingembre/curry… Et n'hésitez pas à déguster ce velouté glacé, c'est délicieux !

Bandol blanc à 9 °C

Bricks au chèvre et à la tapenade

Préparation : 30 min - Cuisson : 30 min
Difficulté : difficile - Budget : pas cher

❄ Se congèle facilement

1 Coupez les petits chèvres en deux ou en trois selon leur taille. Lavez, séchez et effeuillez la coriandre. Pelez et hachez l'ail. Faites fondre le beurre.

2 Préchauffez le four th 6 (180 °C). Beurrez légèrement chaque feuille de brick. Superposez deux feuilles. Mettez un morceau de chèvre au centre, recouvrez de tapenade, parsemez d'ail et de coriandre, puis salez et poivrez.

3 Pliez les feuilles de bricks en triangles, puis badigeonnez-les de jaune d'œuf à l'aide d'un pinceau.

4 Faites dorer les bricks dans une poêle antiadhésive huilée pendant quelques minutes, puis mettez-les dans un plat allant au four.

5 Enfournez et poursuivez la cuisson pendant 10 minutes. Servez les bricks très chaudes accompagnées d'une salade verte.

Le pliage en triangle est la seule étape difficile. Pour une recette plus simple, réalisez des bonbons en enroulant les feuilles de brick et en fermant les extrémités avec du fil alimentaire.

Bourgogne rouge à 13 °C

Ingrédients pour 6 personnes

- 18 feuilles de brick
- 6 ou 12 petits chèvres frais
- 80 g de tapenade noire
- 1 jaune d'œuf
- 1 gousse d'ail
- 1 petit bouquet de coriandre
- 50 g de beurre
- Huile d'olive
- Sel, poivre

Bricks de sardines à la tomate

Préparation : 25 min - Cuisson : 30 min
Difficulté : difficile - Budget : pas cher

Rapide

Ingrédients pour 6 personnes

- 6 feuilles de brick
- 12 filets de sardines en conserve
- 1 boîte de concassé de tomates
- 1 gousse d'ail
- 1 bouquet de basilic
- Beurre fondu
- Huile de friture
- Sel, poivre

1 Égouttez les filets de sardines. Pelez la gousse d'ail et hachez-la. Lavez, séchez et ciselez finement le basilic.

2 Coupez les feuilles de brick en deux et enduisez-les de beurre fondu. Superposez-les deux par deux.

3 Mettez deux filets de sardines sur les feuilles de brick, versez un peu de concassé de tomates par-dessus, salez, poivrez et parsemez d'ail et de basilic. Roulez délicatement les feuilles de brick et formez des tortillons à chaque extrémité pour les refermer. Vous pouvez aussi les lier avec du fil alimentaire.

4 Faites chauffer l'huile de friture et plongez-y les feuilletés par deux ou trois pendant 8 à 10 minutes.

5 Maintenez les bricks au chaud th 3 (90 °C) et servez-les bien chaudes accompagnées d'une salade verte.

La cuisson des bricks en forme de bonbons est un peu délicate. Pour une recette très simple à réaliser, adoptez une cuisson au four ou bien pliez les bricks en forme de triangles.

Gigondas rouge à 15 °C

Nems au porc

Préparation : 40 min - Cuisson : 10 min
Difficulté : difficile - Budget : abordable

❄ Se congèle facilement

1 Faites tremper séparément les champignons et le vermicelle quelques minutes dans de l'eau froide. Égouttez-les et hachez-les pas trop finement.

2 Hachez l'échine de porc avec la grille moyenne. Épluchez l'oignon et hachez-le finement. Mélangez tous les ingrédients. Salez et poivrez. Ajoutez les œufs entiers et mélangez bien.

3 Déposez une galette de riz sur un torchon humide et arrosez-la d'eau sucrée. Mettez au centre un peu de farce sur toute la longueur. Rabattez les deux extrémités, puis roulez en cigare. Recommencez la même opération jusqu'à épuisement des ingrédients.

4 Préparez la sauce en mélangeant le Nuoc-mâm, l'eau, le jus de citron et le piment haché.

5 Faites chauffer l'huile de friture et faites-y frire les nems. Retirez-les lorsqu'ils sont bien dorés et déposez-les sur du papier absorbant. Servez aussitôt les nems accompagnés de la sauce, de feuilles de salade et de feuilles de menthe.

Les nems se congèlent très bien. Serrez-les bien en les roulant et ne les faites pas cuire totalement. Décongelez-les à température ambiante et plongez-les dans un bain de friture ou passez-les quelques minutes au four.

Alsace-Gewurztraminer à 11 °C

Ingrédients pour 6 personnes

- 18 galettes de riz
- 400 g d'échine de porc désossée
- 200 g de vermicelle de riz
- 1 gros oignon
- 100 g de champignons noirs séchés
- 2 oignons verts
- 2 œufs
- 30 cl d'eau sucrée
- Huile de friture
- Feuilles de menthe
- Sel, poivre

Pour la sauce :
- 4 cl de sauce Nuoc-mâm
- 5 cl d'eau
- 1 petit piment frais
- Le jus d'un citron

Fajitas aux légumes grillés et au chèvre

Préparation : 15 min - Cuisson : 20 min
Difficulté : facile - Budget : pas cher

Exotique

1 Préchauffez le four en position gril.

2 Lavez et séchez l'aubergine, la courgette et les poivrons. Coupez la courgette et l'aubergine en rondelles. Coupez les poivrons en deux. Ôtez les pépins et les côtes blanches. Épluchez et coupez en quatre les oignons. Versez un peu d'huile dans un petit ramequin. Trempez un pinceau dans l'huile et badigeonnez-en la peau de tous les légumes.

3 Posez tous les légumes côté chair sur la plaque du four, puis assaisonnez-les avec du gros sel et du poivre. Déposez par-dessus les brins de romarin. Enfournez et faites griller 20 minutes, en tournant les légumes à mi-cuisson.

4 Quelques minutes avant la fin de la cuisson, mettez les fajitas dans le bas du four pour les réchauffer.

5 Sortez les légumes et les fajitas du four. Garnissez les fajitas de légumes. Ajoutez le fromage de chèvre coupé en bâtonnets et servez aussitôt.

Le fromage de chèvre peut être remplacé par de la feta, et pour une recette estivale, faites griller les légumes sur le barbecue.

Côtes du Rhône-Villages rouge à 15 °C

Ingrédients pour 6 personnes

- 6 fajitas
- 200 g de fromage de chèvre
- 1 aubergine
- 1 courgette
- 1 poivron jaune
- 1 poivron rouge
- 2 oignons
- 12 brins de romarin
- Huile d'olive
- Gros sel
- Poivre

Cake aux olives et aux lardons

Préparation : 15 min - Cuisson : 45 min
Difficulté : très facile - Budget : pas cher

Se congèle facilement

1 Mélangez la farine et la levure, et tamisez-les dans un saladier. Préchauffez le four th 7 (210 °C).

2 Dans un autre bol, cassez les œufs. Versez le lait et l'huile d'olive. Mélangez au fouet.

3 Versez ce mélange sur la farine et la levure. Salez, poivrez et mélangez bien.

4 Faites dorer les lardons dans une poêle à blanc, puis égouttez-les dans du papier absorbant. Ajoutez le gruyère râpé, les olives bien égouttées et les lardons à la préparation. Mélangez délicatement.

5 Beurrez un moule à cake et versez-y la préparation. Enfournez pour 45 minutes.

6 Après avoir sorti le cake du four, laissez-le tiédir, puis démoulez-le sur une grille. Servez le cake tiède ou froid en apéritif ou en entrée.

Variez les parfums de vos cakes selon les saisons : jambon cru/figues, feta/tomates confites, olives/thon, mozzarella/tomates/sauge… en conservant à chaque fois une quantité de garniture de 300 g environ.

Coteaux d'Aix-en-Provence rosé à 9 °C

Ingrédients pour 6 personnes

- 200 g de farine
- 1 sachet de levure chimique
- 3 œufs
- 10 cl de lait
- 10 cl d'huile d'olive
- 100 g de lardons fumés
- 100 g d'olives noires dénoyautées
- 100 g d'olives vertes dénoyautées
- 100 g de gruyère râpé
- 1 noix de beurre pour le moule
- Sel, poivre

Terrine de fruits de mer aux herbes

Préparation : 30 min - Cuisson : 20 min - Réfrigération : 4 h
Difficulté : facile - Budget : cher

Chic

Ingrédients pour 6 personnes

- 100 g de crabe ou de surimi
- 100 g de noix de St-Jacques
- 8 langoustines
- 80 cl de lait de coco non sucré
- 10 feuilles de gélatine
- 1 piment
- 1 morceau de gingembre frais
- 2 citrons verts
- 3 branches de coriandre
- 2 tiges de citronnelle
- ½ bouquet de basilic
- Nuoc-mâm
- Poivre

1 Coupez les noix de St-Jacques et les langoustines en deux. Mélangez le crabe, les noix de St-Jacques et les langoustines avec deux cuillères à soupe de Nuoc-mâm. Poivrez et faites mariner 20 minutes à couvert au frais.

2 Coupez la citronnelle en grosses rondelles. Épluchez le gingembre et coupez-le en lamelles. Lavez, séchez et hachez finement la coriandre. Épépinez et coupez le piment en rondelles. Pressez le jus des citrons verts.

3 Portez à ébullition le lait de coco, la citronnelle et le gingembre. Ajoutez quatre cuillères à soupe de Nuoc-mâm et faites cuire 2 minutes à feu moyen. Retirez du feu. Ajoutez la coriandre et quatre cuillerées à soupe de jus de citron vert, et faites chauffer à couvert pendant 5 minutes.

4 Faites ramollir la gélatine dans de l'eau froide. Filtrez le lait de coco et versez-le dans une casserole. Portez le lait de coco à ébullition, retirez-le du feu et faites-y chauffer les fruits de mer pendant 5 minutes (sans les cuire!). Ciselez le basilic et ajoutez-le au mélange. Incorporez la gélatine bien essorée et faites-la dissoudre en fouettant.

5 Mouillez six ramequins avec de l'eau froide et remplissez-les avec le lait de coco aux fruits de mer. Faites prendre 4 heures au réfrigérateur et servez très frais.

Variez les saveurs en remplaçant les fruits de mer par des blancs de volaille cuits et coupés en lamelles très fines.

Savennières sec à 9 °C

Terrine de poivrons au chèvre

Préparation : 25 min - Cuisson : 15 min - Repos : 12 h
Difficulté : difficile - Budget : abordable

☺ Convivial

1 Préchauffez le four en position gril. Lavez les poivrons et coupez-les en larges bandes dans la hauteur. Retirez les graines et posez-les sur la plaque du four côté peau vers le haut. Faites-les griller 15 minutes jusqu'à ce qu'ils soient complètement noirs. Enfermez-les ensuite dans un sac plastique pendant 10 minutes afin de retirer la peau plus facilement.

2 Faites ramollir les feuilles de gélatine dans de l'eau froide. Essorez la gélatine et faites-la fondre dans trois cuillères à soupe d'eau bouillante. Écrasez le fromage de chèvre à la fourchette avec l'huile, la gélatine fondue, du sel et du poivre.

3 Incorporez les herbes hachées.

4 Huilez le fond et les parois de la terrine. Tapissez le fond avec les lanières de poivrons verts, puis recouvrez d'une couche de fromage blanc aux herbes. Étalez ensuite les lanières de poivrons rouges, une couche de fromage blanc aux herbes, puis une couche de lanières de poivrons jaunes et une couche de fromage blanc. Terminez par les lanières de poivrons jaunes restantes.

5 Mettez au frais toute une nuit et servez après avoir démoulé la terrine en la retournant dans un plat.

Pour démouler la terrine plus facilement, vous pouvez utiliser un moule à parois amovibles, ou bien chemiser l'intérieur du moule de film alimentaire en le laissant dépasser de 10 cm de chaque côté.

Bandol rosé à 9 °C

Ingrédients pour 6 personnes

- 400 g de fromage de chèvre frais
- 4 poivrons jaunes
- 3 poivrons rouges
- 3 poivrons verts
- 4 feuilles de gélatine
- 2 cuill. à soupe d'huile d'olive
- 2 cuill. à soupe de basilic haché
- 2 cuill. à soupe de persil haché
- 2 cuill. à soupe de cerfeuil haché
- Sel, poivre du moulin

Soufflé au fromage

Préparation : 20 min - Cuisson : 35 min
Difficulté : difficile - Budget : pas cher

Pas cher

Ingrédients pour 6 personnes

- 120 g d'emmental
- 5 œufs
- 40 cl de lait
- 50 g de beurre
- 50 g de farine
- 1 pincée de noix de muscade râpée
- 1 noix de beurre pour le moule
- Sel, poivre

1 Préchauffez le four th 5 (150 °C). Beurrez un moule à soufflé. Râpez le fromage.

2 Préparez la béchamel : dans une casserole, faites fondre le beurre à feu doux. Ajoutez la farine en mélangeant bien au fouet pour éviter les grumeaux. Délayez petit à petit avec le lait et faites épaissir pendant 5 à 10 minutes. Hors du feu, ajoutez le gruyère râpé.

3 Cassez les œufs en séparant les blancs des jaunes. Ajoutez les jaunes d'œufs à la béchamel tiède. Assaisonnez avec du sel, du poivre et la noix de muscade.

4 Montez les blancs en neige très ferme avec une pincée de sel. Incorporez une bonne cuillerée à soupe de blancs d'œufs dans la préparation précédente en mélangeant vivement. Ajoutez le reste en mélangeant délicatement de bas en haut.

5 Versez la préparation dans le moule beurré. Enfournez sans attendre pour 25 à 30 minutes. Le soufflé doit être gonflé et doré. Servez immédiatement.

Pour un soufflé plus goûté, remplacez l'emmental par un mélange de comté, de beaufort et de parmesan. Une fois le moule beurré, ne touchez pas aux bords car cela l'empêcherait de monter. Et n'ouvrez pas la porte du four en cours de cuisson !

Pouilly sur Loire à 11 °C

Carpaccio de bœuf au parmesan

Préparation : 20 min - Pas de cuisson - Congélation : 1 h
Difficulté : difficile - Budget : abordable

Chic

1 Emballez le filet de bœuf dans du film alimentaire en serrant bien aux deux extrémités. Placez-le au congélateur 1 heure.

2 Avec un couteau à lame très tranchante, découpez le filet de bœuf congelé en très fines lamelles et posez-les entre deux feuilles de film alimentaire.

3 Aplatissez-les au maximum en appuyant dessus avec la lame du couteau. Étalez les lamelles de bœuf dans de grandes assiettes. Salez, poivrez et arrosez d'huile d'olive, puis parsemez de copeaux de parmesan coupés à l'aide d'un économe. Réservez au frais.

4 Juste avant de servir, décorez les carpaccios de feuilles de roquette et accompagnez-les de quartiers de citrons.

Pour des carpaccios servis en plat unique, accompagnez les de pommes de terre. Faites-les cuire à la vapeur, puis faites-les sécher au four, parsemées de thym frais, avec un filet d'huile d'olive.

Côtes de Castillon à 14 °C

Ingrédients pour 6 personnes

- 750 g de filet de bœuf de 1ère qualité
- 100 g de parmesan
- 2 citrons
- Quelques feuilles de roquette
- Huile d'olive
- Fleur de sel
- Poivre du moulin

Ingrédients pour 6 personnes

- 500 g de filets de saumon
- 3 citrons verts
- ½ botte d'oignons nouveaux
- 1 bouquet d'aneth
- 1 bouquet de ciboulette
- 1 bouquet de persil plat
- 10 cl de crème fraîche
- 20 cl d'huile d'olive
- Sel de Guérande
- Poivre

Carpaccio de saumon

Préparation : 20 min - Pas de cuisson - Congélation : 1 h
Réfrigération : 2 h - Difficulté : difficile - Budget : cher

Chic

1 Rincez les herbes. Séchez-les et ciselez-les. Épluchez les oignons nouveaux et faites-les revenir 5 minutes environ dans une poêle avec de l'huile d'olive.

2 Placez les filets de saumon 1 heure au congélateur afin de rendre leur coupe plus aisée.

3 Tranchez finement les filets de saumon, puis posez les tranches dans des assiettes individuelles sans qu'elles se chevauchent. Pressez le jus des citrons. Mélangez le jus de citron et l'huile d'olive, et enduisez-en les tranches de saumon à l'aide d'un pinceau. Salez et poivrez. Ajoutez les oignons et parsemez de fines herbes.

4 Recouvrez chaque assiette de film alimentaire et mettez au frais pendant au moins 2 heures. Servez dès la sortie du réfrigérateur avec la crème fraîche.

Présentez ce carpaccio avec des tartines de pain de campagne grillées frottées d'ail et arrosées d'un filet d'huile d'olive. Accompagné d'une terrine de légumes, ce carpaccio fera un excellent plat d'été !

Sainte-Victoire rosé à 9 °C

Tartare de thon à la crème de concombre

Préparation : 20 min - Pas de cuisson
Difficulté : facile - Budget : abordable

Chic

1 Pelez et hachez les oignons très finement. Rincez les herbes, séchez-les et ciselez-les finement. Pelez le demi-concombre, coupez-le en deux et ôtez les pépins à l'aide d'une cuillère. Coupez-le en tout petits cubes.

2 Coupez la chair du thon en tout petits cubes ou passez-le au hachoir grosse grille, mais surtout pas au mixeur. Pressez les citrons et réservez le jus.

3 Mélangez le fromage blanc et les cubes de concombre, ajoutez l'huile d'olive et réservez au frais.

4 Mélangez le thon, les oignons et les herbes à la dernière minute. Salez et poivrez. Arrosez d'huile d'olive et de jus de citron.

5 Faites griller des tranches de pain aux olives, posez dessus une couche de fromage blanc au concombre, puis une couche de tartare de thon. Décorez chaque tartare d'une feuille de roquette et servez aussitôt.

Si vous souhaitez rehausser le goût du tartare, ajoutez quelques gouttes de Tabasco au moment où vous mélangez les ingrédients.

Vin de pays d'Oc rosé à 9 °C

Ingrédients pour 6 personnes

- 900 g de filets de thon
- 3 petits oignons nouveaux
- 1 pain aux olives
- ½ botte de ciboulette
- ½ bouquet d'aneth
- ½ bouquet de persil plat
- 2 citrons verts
- Quelques feuilles de roquette
- Huile d'olive
- Sel, poivre

Pour la crème de concombre :

- 150 g de fromage blanc de type brousse
- ½ concombre
- 1 cuill. à soupe d'huile d'olive

Pizza au jambon et à la roquette

Préparation : 15 min - Cuisson : 20 min
Difficulté : facile - Budget : pas cher

☺ Convivial

1 Rincez et essuyez les tomates, puis coupez-les en fines tranches. Préchauffez le four th 8 (240 °C). Farinez la plaque du four et le plan de travail.

2 Lavez et séchez les feuilles de roquette. Égouttez et rincez les champignons de Paris. Séchez-les dans du papier absorbant. Coupez les tranches de jambon en lanières.

3 Étalez la pâte au rouleau et faites-la glisser sur la plaque. Enduisez la pâte d'une légère couche de coulis de tomate, puis tapissez de tranches de tomates, de lanières de jambon et de champignons de Paris. Parsemez d'origan. Salez, poivrez et arrosez d'huile d'olive.

4 Faites cuire au four pendant 20 minutes.

5 Servez aussitôt après avoir décoré la pizza de feuilles de roquette.

Réalisez la pâte à pizza en pétrissant 300 g de farine, 20 g de levure fraîche délayée dans un demi-verre d'eau tiède et une pincée de sel. Ajoutez un peu d'eau si besoin. Placez la pâte dans un endroit tiède jusqu'à ce qu'elle double de volume, puis abaissez-la.

Costières de Nîmes rosé à 9 °C

Ingrédients pour 6 personnes

- 300 g de pâte à pain
- 3 tranches de jambon
- 6 tomates
- 1 boîte de coulis de tomate
- 1 petite boîte de champignons de Paris en lamelles
- 2 cuill. à soupe d'origan
- Farine
- Huile d'olive
- Quelques feuilles de roquette
- Sel, poivre

Mini-feuilletés à la tomate

Préparation : 10 min - Cuisson : 10 min
Difficulté : très facile - Budget : pas cher

Pas cher

1 Préchauffez le four th 7 (210 °C). Lavez et essuyez les tomates. Coupez-les en fines tranches. Lavez, essuyez et ciselez la menthe. Épluchez et hachez la gousse d'ail. Égouttez les tomates confites et coupez-les en fines lamelles.

2 Farinez le plan de travail. Étalez la pâte à pain au rouleau. Formez huit disques à l'aide d'un emporte-pièce pour former huit petits feuilletés et découpez-les à l'aide d'un couteau. Recouvrez la plaque du four de papier sulfurisé. Glissez les feuilletés sur la plaque du four et piquez-les à l'aide d'une fourchette. Recouvrez-les de quelques tranches de tomates, parsemez de tomates confites, puis d'ail haché. Saupoudrez d'origan et de menthe. Salez et poivrez.

3 Dorez les bords des feuilletés à l'aide d'un pinceau trempé dans le jaune d'œuf battu.

4 Faites cuire 10 minutes à four très chaud et servez aussitôt.

Pour des saveurs plus italiennes, parsemez les tomates de petits dés de mozzarella, remplacez la menthe par du basilic et versez quelques gouttes d'huile d'olive et de vinaigre balsamique sur chaque feuilleté avant d'enfourner. Un délice !

Les Baux de Provence rosé à 9 °C

Ingrédients pour 6 personnes

- 300 g de pâte à pain
- 250 g de tomates confites
- 6 tomates
- 1 petit bouquet de menthe
- 1 gousse d'ail
- 2 cuill. à soupe d'origan
- 1 filet d'huile d'olive
- 1 jaune d'œuf
- Farine
- Sel, poivre

Quiche lorraine

Préparation : 15 min - Cuisson : 30 min
Difficulté : très facile - Budget : pas cher

Se congèle facilement

1 Étalez la pâte dans un moule beurré. Piquez-la à l'aide d'une fourchette. Préchauffez le four th 7 (210 °C).

2 Cassez les œufs dans un saladier et battez-les rapidement. Ajoutez les lardons, la crème fraîche, la noix de muscade et du poivre. Battez à l'aide d'un fouet. Salez très légèrement.

3 Ajoutez le gruyère râpé à la préparation, mélangez et recouvrez la pâte de ce mélange.

4 Enfournez 30 minutes. Sortez la quiche du four et laissez la tiédir 5 ou 10 minutes avant de la servir.

Vous pouvez remplacer les lardons par du jambon blanc et pour plus de croustillant, la pâte brisée par une pâte feuilletée.

Côtes de Bourg rouge à 15 °C

Ingrédients pour 6 personnes

- 1 rouleau de pâte brisée
- 3 œufs
- 200 g de lardons fumés
- 25 cl de crème fraîche
- 20 cl de lait
- 150 g de gruyère râpé
- 1 pincée de noix de muscade râpée
- 1 noix de beurre pour le moule
- Sel, poivre

Tarte aux légumes

Préparation : 40 min - Cuisson : 20 min
Difficulté : facile - Budget : pas cher

☺ Convivial

1 Lavez les poivrons, retirez les pépins et hachez-les. Lavez, puis émincez les courgettes et l'aubergine. Pelez l'oignon et émincez-le. Pelez les gousses d'ail et pilez-les. Lavez, séchez, effeuillez et ciselez le basilic. Coupez les bocconcinis en deux.

2 Préchauffez le four en position gril. Mélangez l'huile et l'ail dans un saladier. Ajoutez les poivrons, les courgettes, l'aubergine et l'oignon. Remuez bien pour que tous ces légumes soient enrobés d'huile.

3 Mettez les légumes en une seule couche sur une plaque de cuisson et faites-les griller au four. Ils doivent être dorés de toutes parts et rester légèrement croquants. Versez-les ensuite dans un grand récipient. Ajoutez les tomates séchées, les bocconcinis et le basilic. Mélangez délicatement.

4 Faites chauffer le four th 6 (180 °C). Découpez les feuilles de pâte en trois, repliez les bords sur 1 cm et disposez-les sur la plaque du four légèrement huilée.

5 Nappez les feuilletés de coulis de tomate et garnissez-les des légumes grillés. Battez le jaune d'œuf, additionnez-le d'un peu d'eau et dorez-en les bords des feuilletés à l'aide d'un pinceau. Faites cuire les tartes au four pendant 15 minutes et servez sans attendre.

Dégustez aussi cette tarte froide, accompagnée d'une tapenade noire.

Minervois rosé à 9 °C

Ingrédients pour 6 personnes

- 2 rouleaux rectangulaires de pâte feuilletée
- 100 g de tomates séchées
- 150 g de petits bocconcinis (fromages italiens)
- 1 poivron jaune
- 1 poivron rouge
- 2 courgettes
- 1 aubergine
- 1 oignon rouge
- 2 gousses d'ail
- 1 bouquet de basilic
- 85 g de coulis de tomate
- 1 jaune d'œuf
- 6 cl d'huile d'olive
- Sel, poivre

Tartelettes aux artichauts et au saumon

Préparation : 15 min - Cuisson : 35 min
Difficulté : très facile - Budget : abordable

Pour les débutants

1 Préchauffez le four th 6 (180 °C). Égouttez les fonds d'artichauts et coupez-les en quatre. Émincez les oignons. Hachez grossièrement le saumon fumé.

2 Mélangez le beurre et la crème fraîche. Ajoutez le saumon fumé, un jaune d'œuf, puis les deux blancs d'œufs. Réservez l'autre jaune d'œuf. Ajoutez ensuite les oignons émincés et les fonds d'artichauts. Salez légèrement et poivrez.

3 Étalez la pâte dans des petits moules individuels. Versez la préparation dans les moules. Badigeonnez au pinceau avec le jaune d'œuf restant et faites cuire au four 20 minutes.

4 Servez chaud accompagné d'une salade verte.

Pour des tartelettes plus consistantes, ajoutez à la préparation 250 g de pommes de terre cuites à la vapeur et écrasées à la fourchette.

Vouvray à 9 °C

Ingrédients pour 6 personnes

- 1 rouleau de pâte brisée
- 12 fonds d'artichauts à l'huile
- 200 g de saumon fumé
- 2 oignons
- 40 g de beurre ramolli
- 60 g de crème fraîche
- 2 œufs
- Sel, poivre

Brochettes de crevettes au jambon de Parme

Préparation : 15 min - Cuisson : 6 min
Difficulté : difficile - Budget : cher

Rapide

1 Faites frire la sauge quelques minutes dans la poêle à feu vif dans deux cuillères à soupe d'huile. Sortez-la de la poêle et séchez-la dans du papier absorbant, puis réservez. Découpez les tranches de jambon de Parme en lamelles.

2 Décortiquez les crevettes. Entourez-les de fines lamelles de jambon de Parme, puis piquez-les avec les branches de romarin. Pressez le jus du citron.

3 Préparez la sauce verte : lavez, séchez et effeuillez les herbes. Pelez l'ail. Hachez très finement une cuillère à soupe de câpres, trois cornichons, trois filets d'anchois et l'ail. Hachez également le persil et le basilic. Mélangez tous les ingrédients dans un saladier avec une demi-cuillère à soupe de moutarde et une cuillère et demie à soupe de vinaigre de vin. Incorporez peu à peu 6 cl d'huile d'olive en remuant sans arrêt. Rectifiez l'assaisonnement avec du sel et du poivre.

4 Faites chauffer quatre cuillères à soupe d'huile dans la poêle à feu vif. Faites saisir les brochettes environ 2 minutes de chaque côté. Salez et poivrez. Déglacez avec le jus de citron, puis ajoutez les feuilles de sauge.

5 Servez les brochettes bien chaudes accompagnées de la sauce verte.

Préparez la sauce au dernier moment car elle ne se conserve que quelques heures. Accompagnez les crevettes de tranches de citron vert.

Coteaux varois en Provence rosé à 9 °C

Ingrédients pour 6 personnes

- 18 crevettes
- 6 tranches de jambon de Parme
- 10 feuilles de sauge
- 18 branches de romarin
- 1 citron
- Huile d'olive
- Sel, poivre

Pour la sauce verte :

- 1 gousse d'ail
- ½ botte de persil plat
- ½ botte de basilic
- 1 cuill. à soupe de câpres
- 3 cornichons aigre-doux
- 3 filets d'anchois
- Moutarde de Dijon
- Vinaigre de vin rouge
- Huile d'olive
- Sel, poivre

Ingrédients pour 6 personnes

- 24 sardines
- 200 g de blettes
- 200 g de brocciu (fromage corse)
- 1 bouquet de persil plat
- 2 gousses d'ail
- Le zeste d'½ citron râpé très fin
- 2 œufs
- 1 petit piment rouge
- 3 citrons
- Huile d'olive
- Sel, poivre

Brochettes de sardines farcies

Préparation : 40 min - Cuisson : 18 min
Difficulté : facile - Budget : pas cher

☺ Convivial

1 Coupez les têtes des sardines. Fendez les poissons en deux le long du ventre. Retirez l'arête centrale et ouvrez-les en deux sans séparer les deux parties. Rincez-les, séchez-les, puis salez et poivrez-les.

2 Préchauffez le four th 7 (210 °C).

3 Pelez l'ail et écrasez-le. Nettoyez les feuilles de blettes, enlevez les nervures et gardez uniquement le vert. Faites blanchir le vert dans une grande quantité d'eau bouillante pendant 2 à 3 minutes. Retirez-le et trempez-le dans de l'eau glacée pour arrêter la cuisson. Pressez-le entre les mains pour éliminer un maximum d'eau, puis ciselez-le finement.

4 Rincez, séchez et ciselez le persil. Rincez, séchez et coupez en tout petits dés le piment rouge.

5 Dans un saladier, fouettez les œufs et ajoutez tous les ingrédients : blettes, ail, piment, zeste de citron et persil. Ajoutez le brocciu en l'écrasant. Salez et poivrez. Mélangez bien.

6 Tartinez les sardines de farce côté chair, roulez-les et posez-les serrées dans un plat huilé allant au four, après les avoir fait tenir à l'aide d'une petite pique en bois. Laissez cuire au four 15 minutes. Coupez les citrons en quartiers. Servez chaud en accompagnant de quartiers de citrons.

Vous pouvez parfumer la farce d'origan en poudre.

Bergerac blanc sec à 9 °C

Coquilles St-Jacques au bacon

Préparation : 20 min - Cuisson : 10 min
Difficulté : facile - Budget : cher

Exotique

1 Rincez et séchez les noix de St-Jacques, puis assaisonnez-les. Coupez chaque tranche de bacon en deux. Enroulez chaque coquille d'une moitié de tranche de bacon.

2 Épluchez l'ail et les échalotes. Émincez-les. Râpez le gingembre. Effeuillez la moitié des branches de thym. Pressez le jus du citron.

3 Faites chauffer de l'huile dans une sauteuse sur feu vif. Versez-y l'ail et les échalotes. Lorsqu'ils sont translucides, déposez les noix de St-Jacques. Salez et poivrez. Ajoutez le beurre et le thym effeuillé, ainsi que les brins de thym entiers. Poursuivez la cuisson en retournant les noix plusieurs fois. Comptez 3 minutes de chaque côté.

4 Arrosez du jus de citron et servez aussitôt en décorant de thym.

Pour d'autres saveurs, supprimez le gingembre, déglacez la sauteuse avec un filet de vinaigre balsamique, et servez les coquilles St-Jacques avec une salade de mesclun.

Entre-deux-Mers à 9 °C

Ingrédients pour 6 personnes :

- 18 grosses coquilles St-Jacques avec leur corail
- 9 tranches de bacon
- 12 brins de thym frais
- 3 échalotes
- 1 gousse d'ail
- 15 g de gingembre
- 50 g de beurre
- 1 citron
- Huile d'olive
- Sel, poivre

Moules farcies gratinées

Préparation : 30 min - Cuisson : 15 min
Difficulté : facile - Budget : pas cher

Pas cher

1 Sortez le beurre du réfrigérateur à l'avance pour qu'il ramollisse. Préchauffez le four en position gril.

2 Nettoyez les moules sous l'eau froide en les grattant et en les débarrassant de leur barbe. Mettez-les dans une passoire pour qu'elles s'égouttent bien.

3 Faites bouillir un peu d'eau dans une grande marmite. Versez-y les moules et faites-les ouvrir pendant 8 à 10 minutes sur feu vif, en secouant la marmite de temps en temps.

4 Égouttez-les, retirez la coquille du dessus et posez-les en une seule couche dans un grand plat allant au four.

5 Épluchez les échalotes et hachez-les finement. Pelez l'ail. Rincez, séchez et effeuillez et ciselez finement le persil. Mélangez le beurre avec le persil, les échalotes, les cubes de tomate et l'ail écrasé. Déposez ensuite une noisette de cette pommade sur chaque moule.

6 Poudrez de chapelure et glissez sous le gril du four pendant 5 minutes avant de déguster.

Testez une farce aux amandes en mélangeant 100 g de poudre d'amande, 100 g de beurre, une gousse d'ail, du persil haché et 50 cl de vin blanc sec. Mouillez avec le jus de cuisson des moules, farcissez-en les coquilles et faites gratiner sous le gril.

Gros Plant du Pays nantais à 9 °C

Ingrédients pour 6 personnes

- 60 grandes moules espagnoles
- 1 tomate coupée en tout petits dés
- 2 échalotes
- 2 gousses d'ail
- 1 bouquet de persil plat
- 150 g de beurre
- Chapelure

Paloudes farcies

Préparation : 30 min - Cuisson : 5 min
Difficulté : facile - Budget : abordable

Rapide

1. Sortez le beurre du réfrigérateur à l'avance afin qu'il ramollisse. Épluchez et hachez finement les échalotes et l'ail. Faites-les fondre à la poêle dans une noix de beurre, puis laissez-les refroidir.
2. Effeuillez et hachez le persil. Hachez la ciboulette et l'estragon. Travaillez le beurre avec les échalotes et l'ail fondus, et toutes les herbes hachées. Ajoutez du poivre et pétrissez bien.
3. Lavez et séchez les tomates. Coupez-les en deux, puis chaque moitié en deux. Ôtez les pépins. Coupez la chair en tout petits dés.
4. Préchauffez le four en position gril. Ouvrez les palourdes en faisant glisser le contenu d'une coquille dans l'autre afin que le mollusque soit d'un seul côté. À l'aide d'une petite cuillère, remplissez les coquilles d'une noisette de farce en lissant bien. Répartissez les dés de tomates sur le dessus et saupoudrez de chapelure.
5. Passez quelques minutes sous le gril du four. Servez très chaud.

Testez une farce au parmesan : hachez deux échalotes, mouillez avec 20 cl de vin blanc sec et faites réduire. Ajouter 15 cl de crème fraîche épaisse, salez et poivrez. Farcissez les palourdes de cette préparation et saupoudrez largement de parmesan avant d'enfourner.

Muscadet-Sèvre et Maine à 9 °C

Ingrédients pour 6 personnes

- 1,5 kg de palourdes
- 150 g de beurre salé
- 3 échalotes
- 1 gousse d'ail
- 4 tomates
- ½ bouquet de persil plat
- 6 brins de ciboulette
- 4 brins d'estragon
- Chapelure
- Poivre

Ingrédients pour 36 sushis

- 450 g de riz pour sushi
- 200 g de saumon très frais
- 3 feuilles d'algues grillées (yaki-nori)
- 10 cl de vinaigre de riz
- 50 g de sucre en poudre
- 1 cuill. à soupe de wasabi
- 2 cuill. à soupe de gingembre rose mariné (gari)
- 6 cl de sauce de soja japonaise
- Vinaigre de vin
- 1 natte de bambou

Sushi au saumon

Préparation : 1 h - Cuisson : 20 min
Difficulté : difficile - Budget : cher

Exotique

1 Rincez le riz et faites-le bien égoutter. Versez-le dans 1,5 l d'eau froide et portez à ébullition 20 minutes. Laissez reposer 10 minutes. Faites dissoudre le vinaigre de riz et le sucre dans un peu d'eau chaude, et versez sur le riz. Mélangez délicatement et égrainez bien le riz.

2 Coupez le saumon en lanières de 1 cm d'épaisseur. Mettez de l'eau froide et une cuillère à soupe de vinaigre de vin dans un bol. Pliez une feuille d'algue en deux et coupez-la. Posez une demi-feuille du côté brillant sur la natte de bambou. Trempez vos doigts dans le bol. Prenez 75 g de riz et déposez-les au centre de la feuille d'algue. Mouillez vos doigts et étalez le riz uniformément, en laissant une bande de 2 cm d'algue non recouverte à l'extrémité. Déposez un soupçon de wasabi sur toute la longueur et recouvrez-le de lanières de saumon.

3 Roulez la natte vers l'avant en pressant délicatement la feuille d'algue et en maintenant la garniture en place de l'autre main. Pressez légèrement au niveau de la bande non couverte pour faire la couture. Renouvelez l'opération avec le reste des ingrédients.

4 Essuyez un couteau bien aiguisé avec un torchon humide et coupez les rouleaux en deux, puis en trois tronçons afin d'obtenir six bouchées par rouleau. Essuyez bien le couteau entre chaque coupe.

5 Servez bien frais avec du wasabi, du gingembre rose mariné et de la sauce soja.

Vous pouvez remplacez le saumon par du thon.

Cheverny blanc à 9 °C

Œufs brouillés de la mer

Préparation : 10 min - Cuisson : 5 min
Difficulté : facile - Budget : abordable

Rapide

1 Découpez la tranche de saumon en quatre lamelles. Lavez, séchez et ciselez la ciboulette.

2 Découpez délicatement le haut des œufs. Videz-les dans un saladier. Rincez et séchez les coquilles. Fouettez les œufs, ajoutez la ciboulette ciselée, salez et versez le tout dans une casserole.

3 Faites cuire sur feu modéré pendant environ 5 minutes, en remuant sans cesse et en ajoutant le beurre petit à petit jusqu'à ce que le mélange prenne une consistance épaisse et crémeuse. Ajoutez la crème, poivrez, puis mélangez. Retirez du feu.

4 Glissez une cuillerée à café d'œufs brouillés dans chaque coquille, ajoutez une cuillerée d'œufs de saumon dans quatre œufs, une crevette dans quatre autres et une lamelle de saumon dans les quatre derniers.

5 Servez aussitôt accompagnés de fines lamelles de pain grillé.

Pour des œufs bien réussis, retirez la casserole du feu dès que les œufs ont la consistance souhaitée et versez-les dans un récipient couvert pour les garder chauds.

Touraine blanc à 9 °C

Ingrédients pour 6 personnes

- 12 œufs
- 60 g d'œufs de saumon
- 4 crevettes cuites décortiquées
- 1 tranche de saumon fumé
- 120 g de beurre
- 2 cuill. à soupe de crème liquide
- 6 brins de ciboulette
- Sel, poivre

Tortilla espagnole

Préparation : 15 min - Cuisson : 30 min
Difficulté : très facile - Budget : pas cher

☺ Convivial

1 Épluchez les pommes de terre et coupez-les en rondelles. Épluchez l'oignon et émincez-le.

2 Faites revenir l'oignon dans un peu d'huile d'olive. Lorsqu'il commence à blondir, ajoutez les pommes de terre. Baissez le feu, couvrez et attendez qu'elles soient cuites.

3 Pendant ce temps, faites cuire les petits pois selon les indications du paquet. Réservez.

4 Cassez les œufs et fouettez-les avec le lait. Ajoutez les herbes, salez, poivrez et versez-les dans la poêle par-dessus les oignons. Ajoutez les petits pois. Mélangez et laissez prendre l'omelette. Retournez-la sur une assiette. Ajoutez une larme d'huile au fond de la poêle, faites-y glisser l'omelette pour la faire dorer sur l'autre face. Servez très chaud.

Testez aussi la tortilla aux légumes d'été en faisant revenir deux oignons, deux poivrons, deux pommes de terre coupés en lamelles. Ajoutez deux tomates coupées en dés, remuez quelques minutes et versez les œufs et les herbes par-dessus.

Buzet rouge à 16 °C

Ingrédients pour 6 personnes

- 8 œufs
- 500 g de pommes de terre
- 100 g de petits pois surgelés
- 1 oignon
- 2 cuill. à soupe de lait
- Herbes (persil, ciboulette, thym…)
- Huile d'olive
- Sel, poivre

Salade camarguaise

Préparation : 30 min - Cuisson : 20 min
Difficulté : facile - Budget : abordable

Chic

1 Lavez et coupez les poivrons en deux. Épépinez-les et coupez-les en fines lanières. Hachez finement les ciboules, pelez et pilez l'ail. Lavez, séchez et effeuillez le basilic, puis hachez-le.

2 Décortiquez les crevettes. Faites fondre le beurre dans une grande poêle et faites-y cuire les crevettes jusqu'à ce qu'elles soient tendres. Laissez refroidir.

3 Faites chauffer une cuillère à soupe d'huile dans la même poêle et faites-y revenir l'ail et les pois gourmands. Lorsque les pois gourmands sont tendres, sortez-les et réservez-les.

4 Faites cuire le riz selon les indications du paquet. Égouttez-le et passez-le sous l'eau froide.

5 Dans le fond d'un saladier, mélangez l'huile restante, le jus de citron, du sel et du poivre. Ajoutez le riz, les légumes et les crevettes, et parsemez de basilic haché.

6 Gardez la salade au frais jusqu'au moment de servir et mélangez-la au dernier moment.

Pour une salade chic et tendance, ajoutez des moules et des langoustines, et servez les salades dans des verres.

Cassis blanc à 9 °C

Ingrédients pour 6 personnes

- 700 g de crevettes crues
- 800 g de riz aux 3 parfums
- 150 g de pois gourmands
- 1 poivron vert
- 1 poivron rouge
- 50 g de beurre
- 5 ciboules
- 1 gousse d'ail pilée
- 1 petit bouquet de basilic
- 10 cl de jus de citron
- 5 cuill. à soupe d'huile d'olive
- Sel, poivre

Salade de poisson à la japonaise

Préparation : 20 min - Cuisson : 15 min - Congélation : 1 h
Difficulté : difficile - Budget : abordable

Exotique

1 Mettez le poisson au congélateur 1 heure avant de préparer cette recette. Faites cuire le riz selon les indications du paquet, puis égouttez-le et réservez-le. Sortez le poisson du congélateur et tranchez-le en lanières très minces. Étalez-les sur un plat et réservez au frais.

2 Faites cuire les nouilles selon les indications du paquet, en les séparant bien à l'aide de baguettes. Égouttez-les.

3 Effeuillez, lavez, puis essorez la salade.

4 Mettez un peu de riz dans le fond de six petits bols. Répartissez les feuilles de salade par-dessus. Ajoutez les nouilles et enfin les lanières de poisson. Parsemez de coriandre hachée.

5 Mélangez la sauce soja, le jus de gingembre et le mirin dans un bol, et servez les salades de poisson accompagnées de cette sauce.

Vous pouvez remplacer le vermicelle de riz par du vermicelle de soja (harusame) ou par des nouilles de konnyaku. Le jus de gingembre s'obtient en râpant un morceau de gingembre frais.

Rully blanc à 9 °C

Ingrédients pour 6 personnes

- 600 g de poisson blanc très frais
- 250 g de vermicelle de riz
- 500 g de riz japonais
- 3 cuill. à soupe de sauce soja japonaise
- 3 cuill. à café de jus de gingembre
- 6 cl de mirin (saké) ou de vin blanc doux
- 3 cuill. à soupe de coriandre hachée
- 1 cœur de salade

Salade grecque

Préparation : 15 min - Pas de cuisson - Réfrigération : 1 h
Difficulté : très facile - Budget : pas cher

Pour les débutants

1 Lavez les tomates, enlevez les pédoncules et coupez-les en quartiers.
2 Lavez le concombre et coupez-le en tranches de 1,5 cm.
3 Épluchez et coupez les oignons en rondelles fines.
4 Coupez la feta en petits cubes.
5 Mettez dans un saladier les quartiers de tomates, les tranches de concombre, les rondelles d'oignons, les olives et la feta. Arrosez d'huile d'olive et de vinaigre. Salez, poivrez et parsemez de thym effeuillé. Remuez délicatement et gardez au frais au moins 1 heure avant de servir.

Pour une salade plus digeste, remplacez le concombre par deux petites courgettes coupées en rondelles et revenues 5 minutes dans un peu d'huile. Égouttez-les bien et disposez tous les ingrédients sur un lit de salade verte.

Palette rosé à 9 °C

Ingrédients pour 6 personnes

- 200 g de feta
- 500 g de tomates olivettes
- 250 g d'olives noires à la grecque
- 1 concombre
- 2 oignons violets
- 3 cuill. à soupe d'huile d'olive
- 1 cuill. à soupe de vinaigre de Xéres
- 1 bouquet de thym
- Sel, poivre

Salade méditerranéenne

Préparation : 15 min - Cuisson : 40 min
Difficulté : facile - Budget : pas cher

Pas cher

Ingrédients pour 6 personnes

- 250 g de haricots verts frais
- 300 g de pommes de terre nouvelles
- 1 boîte de cœurs d'artichauts
- 4 tomates
- 125 g d'olives noires à la grecque
- 1 gousse d'ail
- 1 cuill. à soupe de vinaigre de Xérès
- ½ cuill. à soupe de moutarde forte
- Huile d'olive
- Sel, poivre

1 Préchauffez le four th 7 (210° C). Brossez les pommes de terre. Laissez la peau, essuyez-les, puis disposez-les dans un plat allant au four. Badigeonnez-les d'huile d'olive et mettez-les au four pendant 20 minutes. À la fin de la cuisson, enlevez-les du plat et laissez-les refroidir.

2 Équeutez les haricots verts et faites-les cuire à la vapeur pendant 20 minutes.

3 Lavez, essuyez et coupez en quatre les tomates. Égouttez les cœurs d'artichauts.

4 Dans le fond d'un saladier, mélangez de l'huile d'olive, le vinaigre et la moutarde forte. Salez et poivrez.

5 Mettez tous les ingrédients dans le saladier, couvrez de film alimentaire et placez au frais. Mélangez juste avant de servir.

Cette salade accompagnera très bien des tranches de thon grillé ou un rôti froid.

Bellet rosé à 9 °C

Taboulé

Préparation : 15 min - Pas de cuisson - Réfrigération : 3 h
Difficulté : très facile - Budget : pas cher

Exotique

1 Pressez le jus des citrons. Après avoir plongé les tomates 10 secondes dans de l'eau bouillante, pelez-les, épépinez-les et coupez-les en tout petits dés. Épluchez le concombre, coupez-le en deux dans la longueur, retirez les graines avec une petite cuillère et coupez-le en tout petits dés. Épluchez les oignons et coupez-les en petits dés. Lavez et émincez très finement le poivron.

2 Lavez, séchez et ciselez finement la menthe et le persil plat.

3 Dans un grand saladier, versez le jus des citrons et le concombre. Ajoutez du sel, du poivre et l'huile d'olive. Versez-y la semoule en pluie et remuez à la fourchette. La graine va gonfler en cuisant dans le citron. Ajoutez les tomates, les oignons et les herbes. Laissez reposer au frais pendant au moins 3 heures en remuant de temps en temps. Goûtez et rectifiez l'assaisonnement. Servez bien frais.

Dosez la quantité d'huile en fonction de vos goûts. La semoule doit être brillante, mais pas collante. Et ajoutez des raisins secs pour une note sucrée et exotique.

Patrimonio rosé à 9 °C

Ingrédients pour 6 personnes

- 300 g de graine de couscous moyen
- 4 citrons verts
- 3 grosses tomates
- 4 petits oignons blancs
- 1 concombre moyen
- ¼ poivron rouge
- 1 gros bouquet de menthe
- 1 gros bouquet de persil plat
- 15 cl d'huile d'olive
- Sel, poivre

Tomates à la mozzarella

Préparation : 15 min - Pas de cuisson
Difficulté : très facile - Budget : pas cher

Rapide

1 Lavez les tomates et essuyez-les. Enlevez les cœurs et faites des tranches d'environ ½ cm.

2 Coupez la mozzarella en rondelles de la même épaisseur que les tomates. Intercalez une tranche de mozzarella entre deux tranches de tomates.

3 Lavez, séchez et ciselez le basilic. Arrosez chaque tomate à la mozzarella d'un filet d'huile d'olive et parsemez de basilic ciselé. Versez un filet de vinaigre balsamique, puis salez et poivrez.

4 Présentez les tomates dans des coupelles suffisamment petites afin qu'elles ne s'ouvrent pas.

Modernisez cette entrée classique de l'été avec des présentations innovantes : piquez des tomates cerises et des mini-boules de mozzarella sur des brochettes en bois, et alternez-les avec des feuilles de basilic.

Coteaux du Languedoc rosé à 9 °C

Ingrédients pour 6 personnes

- 6 tomates
- 1 boule de mozzarella
- ½ bouquet de basilic
- 3 cuill. à soupe d'huile d'olive
- Vinaigre balsamique
- Sel, poivre

Tomates farcies au thon

Préparation : 20 min - Cuisson : 5 min - Réfrigération : 1 h
Difficulté : très facile - Budget : pas cher

Pour les débutants

1 Lavez les tomates. Ôtez le chapeau de chacune d'elles et enlevez la chair à l'aide d'une cuillère pour les vider. Salez les tomates vides et retournez-les afin qu'elles perdent le maximum d'eau. Réservez-les la tête en bas le temps de préparer la farce.

2 Faites cuire les petits pois selon les indications du paquet. Passez-les sous l'eau froide et égouttez-les bien. Lavez, séchez et ciselez la menthe.

3 Mélangez la mayonnaise et le thon émietté. Salez et poivrez. Ajoutez la menthe, puis incorporez les petits pois.

4 Lavez le poivron. Enlevez les pépins et coupez-le en petites lamelles. Ajoutez-les à la préparation en mélangeant bien.

5 Remplissez les tomates de la préparation au thon et mettez au frais 1 heure avant de servir.

Variez les plaisirs avec une farce à la mousse de saumon : mixez 200 g de saumon frais et 200 g de saumon fumé, ajoutez le jus d'un demi-citron et quelques baies roses, puis salez et poivrez. Montez 20 cl de crème en chantilly et incorporez le saumon. Gardez au frais et farcissez les tomates au dernier moment.

Fréjus rosé à 9 °C

Ingrédients pour 6 personnes

- 6 tomates moyennes
- 1 petit poivron vert
- 50 g de petits pois surgelés
- 1 grosse boîte de thon à l'huile
- 3 cuill. à café de mayonnaise
- 20 feuilles de menthe
- Sel, poivre

Focaccia farcie au fromage

Préparation : 20 min - Cuisson : 15 min - Repos : 1 h 30
Difficulté : difficile - Budget : pas cher

Se congèle facilement

Ingrédients pour une focaccia

- 250 g de farine
- 150 g de faisselle
- 1 sachet de levure
- 15 cl d'eau
- 10 cl d'huile d'olive
- 1 cuill. à café de sel

1 Délayez la levure dans un petit bol d'eau tiède. Égouttez la faisselle.

2 Versez la farine tamisée sur le plan de travail ou dans un saladier. Faites un puits au centre. Versez-y le contenu du bol, une cuillère à soupe d'huile d'olive et le sel. Mélangez bien en ramenant la farine au centre.

3 Faites une boule et pétrissez-la pendant 10 minutes en l'étirant et en la malaxant bien. La pâte doit devenir lisse et élastique. Posez-la dans un saladier, recouvert d'un torchon humide et laissez-la lever pendant 1 heure dans un endroit tiède à l'abri des courants d'air. La boule doit doubler de volume.

4 Posez la boule sur le plan de travail fariné. Écrasez-la avec le poing pour éliminer l'air, puis étalez-la en une couche de 2 cm d'épaisseur. Incorporez la faisselle et repliez la pâte. Entaillez le dessus de la pâte en dessinant des losanges avec un couteau, puis badigeonnez d'huile d'olive. Posez la focaccia sur la plaque du four huilée, couvrez-la d'un torchon humide et laissez-la lever encore 30 minutes.

5 Préchauffez le four th 8 (240 °C) et enfournez 15 à 20 minutes jusqu'à ce que la focaccia soit bien blonde.

Vous pouvez parfumer la pâte avec de l'origan, du romarin, des olives ou du thym. La focaccia est idéale pour les pique-niques. Préparez-la la veille, faites-la cuire au dernier moment et enveloppez-la dans du papier aluminium pour la garder bien chaude.

: St-Chinian rosé à 9 °C

Fougasse au confit de poivrons et d'aubergines

Préparation : 35 min - Cuisson : 1 h - Repos : 1 h 30
Difficulté : difficile - Budget : pas cher

Pas cher

1 Faites lever la levure dans un peu d'eau tiède. Mettez la farine dans un saladier, ajoutez la levure, une pincée de sel, un filet d'huile d'olive et ¼ l d'eau. Pétrissez la pâte jusqu'à obtenir une pâte élastique. Recouvrez la pâte d'un torchon et placez-la dans un endroit tiède pendant 1 heure 30 pour la faire lever.

2 Lavez les aubergines et coupez-les en très fines rondelles. Pelez les oignons et émincez-les. Lavez les poivrons et coupez-les en lanières. Lavez, séchez et hachez finement la menthe.

3 Versez la moitié de l'huile dans une sauteuse, ajoutez les rondelles d'aubergines et les oignons. Faites cuire 30 minutes en remuant de temps en temps. Ajoutez la menthe, salez et poivrez, puis faites égoutter les légumes dans une passoire.

4 Versez l'autre moitié de l'huile dans la même sauteuse. Laissez confire tout doucement pendant 20 minutes en remuant régulièrement. Faites bien égoutter.

5 Préchauffez le four th 6 (180 °C). Séparez la pâte en deux et abaissez la première moitié. Tartinez-la de crème fraîche, garnissez-la du confit d'aubergines et de poivrons en alternant les légumes, puis refermez la fougasse. Entaillez des lanières dans la pâte de manière à créer des ouvertures sur le dessus et badigeonnez de jaune d'œuf à l'aide d'un pinceau. Faites de même avec la seconde moitié de pâte. Mettez les fougasses au four pendant 25 minutes et dégustez-les tièdes.

Pour gagner du temps, vous pouvez commander deux fougasses toutes prêtes chez votre boulanger. Dans ce cas, coupez-les en deux dans l'épaisseur, garnissez-les de légumes et passez-les 2 minutes au four th 6 (180 °C) avant de les déguster.

Côtes de Provence rosé à 9 °C

Ingrédients pour 6 personnes

- 600 g de farine
- 300 g d'aubergines
- 300 g d'oignons
- 150 g de poivrons rouges
- 150 g de poivrons verts
- 150 g de poivrons jaunes
- 1 jaune d'œuf
- 8 tiges de menthe
- 3 cuill. à soupe de crème fraîche
- 25 cl d'huile d'olive
- Sel, poivre

Pain aux olives et au romarin

Préparation : 15 min - Cuisson : 50 min - Repos : 1 h 30
Difficulté : facile - Budget : pas cher

Se congèle facilement

Ingrédients pour 6 personnes

- 500 g de farine de blé
- 50 g d'olives noires dénoyautées
- ¼ l d'eau tiède
- 1 cube de levure fraîche (42 g)
- 3 cuill. à soupe d'huile d'olive
- 2 cuill. à soupe de feuilles de romarin
- ½ cuill. à café de sel
- Gros sel
- 1 noisette de beurre pour le moule

1 Émiettez la levure dans deux cuillères à soupe d'eau tiède. Ajoutez l'eau restante, le sel et mélangez bien. Incorporez la farine et l'huile.

2 Travaillez la pâte jusqu'à ce qu'elle soit homogène et laissez-la lever au chaud pendant 1 heure. Hachez les olives grossièrement. Pétrissez rapidement la pâte avec les olives.

3 Beurrez un moule à cake et versez-y la pâte. Laissez lever au chaud 30 minutes de plus.

4 Préchauffez le four th 7 (210 °C). Faites cuire 50 minutes environ. Sortez le pain du four et démoulez-le. Saupoudrez-le de gros sel et de feuilles de romarin, puis laissez-le refroidir.

Variez les parfums de vos pains, avec des figues, des noix, des abricots…

Bourgogne-Aligoté à 9 °C

Sandwichs au confit de tomates

Préparation : 15 min - Cuisson : 1 h
Difficulté : très facile - Budget : pas cher

Pour les débutants

1 Préparez le confit de tomates : préchauffez le four th 6 (180 °C). Coupez les courgettes et les tomates en dés. Pelez et hachez l'ail. Mettez les dés de courgettes et de tomates dans un plat. Parsemez-les d'ail et d'herbes, arrosez-les d'un filet d'huile, puis salez et poivrez. Faites cuire au four 45 minutes à 1 heure en retournant les légumes de temps en temps et en ajoutant un peu d'huile si nécessaire.

2 Coupez chaque petit pain en deux. Étalez une fine couche de beurre sur une moitié de chaque pain. Posez une feuille de salade sur chacune d'elles.

3 Posez le jambon et le fromage sur la salade, et terminez par le confit de tomates. Refermez avec l'autre moitié de petit pain non beurré.

Réalisez une plus grande quantité de confit de tomates : il se conserve quelques jours au réfrigérateur et accompagne délicieusement une viande froide, des pâtes ou des pommes de terre vapeur.

Beaujolais-Villages à 11 °C

Ingrédients pour 2 sandwichs

- 2 petits pains
- 2 tranches de jambon de Paris
- 2 tranches fines de gruyère
- 4 feuilles de salade
- 25 g de beurre

Pour le confit de tomates :

- 2 courgettes
- 4 tomates
- 1 gousse d'ail
- Persil, thym, herbes de Provence
- Sel, poivre

Chic

Convivial

Exotique

Pas cher

Les plats

Peut se faire la veille

Pour les débutants

Rapide

Se congèle facilement

Tomates farcies aux anchois et aux olives

Préparation : 35 min - Cuisson : 45 min
Difficulté : facile - Budget : pas cher

Se congèle facilement

Ingrédients pour 6 personnes

- 12 tomates rondes
- 12 anchois
- 125 g d'olives noires dénoyautées
- 100 g de mie de pain
- 3 jaunes d'œufs
- 6 échalotes
- 1 gousse d'ail
- 6 brins de persil
- 6 brins d'estragon
- Beurre
- Sel, poivre

1 Rincez les tomates et coupez les chapeaux. Épépinez-les et aplatissez la chair à l'intérieur. Salez et retournez-les sur du papier absorbant. Rincez, séchez et ciselez les herbes. Égouttez les olives, rincez-les et séchez-les. Coupez-les en petits morceaux. Égouttez les anchois et coupez-les en trois morceaux.

2 Épluchez et émincez les échalotes. Épluchez et écrasez l'ail. Faites chauffer une noix de beurre dans une poêle et faites-y revenir l'ail et les échalotes. Égouttez-les.

3 Émiettez le pain. Incorporez-le au mélange ail-échalotes. Ajoutez les anchois, les olives, les jaunes d'œufs et les herbes. Mélangez. Préchauffez le four th 7 (210 °C).

4 Essuyez bien délicatement l'intérieur des tomates avec du papier absorbant. Poivrez-les et remplissez-les de farce. Mettez une noix de beurre sur la farce et placez les tomates dans un plat huilé.

5 Enfournez et faites cuire pendant 40 minutes. Servez bien chaud accompagné d'une salade verte.

Variez les farces selon vos goûts : mélangez 200 g de fromage de chèvre frais, une boîte de tapenade et un bouquet de basilic ciselé, et faites cuire 30 minutes au four.

Côtes de Provence rosé à 9 °C

Fondue savoyarde

Préparation : 20 min - Cuisson : 20 min
Difficulté : très facile - Budget : cher

Rapide

1 Coupez le pain en morceaux et laissez-les à l'air libre pour qu'ils durcissent légèrement.

2 Coupez les fromages en lamelles. Pelez l'ail.

3 Frottez l'intérieur du caquelon avec la gousse d'ail. Faites-y chauffer le vin blanc, sans le faire bouillir. Ajoutez les fromages et faites-les fondre à feu doux en remuant sans cesse. Lorsque la préparation est homogène, incorporez le kirsch, la noix de muscade et poivrez.

4 Posez le caquelon sur un réchaud de table et dégustez la fondue en y trempant les dés de pain à l'aide de longues fourchettes.

Corsez le parfum de votre fondue en ajoutant un demi-reblochon, de l'époisses ou du maroilles et servez-la accompagnée d'une salade verte et de viande des Grisons.

Roussette de Savoie à 9 °C

Ingrédients pour 6 personnes

- 400 g d'emmental
- 400 g de comté
- 400 g de beaufort
- 1 boule de pain de campagne légèrement rassis
- 3 verres de vin blanc sec
- 1 gousse d'ail
- 2 cuill. à soupe de kirsch
- 1 pincée de noix de muscade râpée
- Poivre

Galettes de pommes de terre et de courgettes

Préparation : 20 min - Cuisson : 15 min
Difficulté : facile - Budget : pas cher

Rapide

1 Épluchez les pommes de terre, rincez-les et séchez-les. Brossez les courgettes sous l'eau froide. Râpez grossièrement les pommes de terre et les courgettes. Épluchez et hachez l'oignon finement.

2 Dans un saladier, fouettez les œufs, puis ajoutez l'oignon, les pommes de terre et les courgettes râpées. Mélangez. Ajoutez la chapelure et le persil haché. Salez, poivrez et mélangez bien.

3 Façonnez six galettes plates entre vos paumes humides. Faites chauffer de l'huile d'olive dans une poêle et faites-y dorer les galettes. Enlevez l'excédent d'eau en cours de cuisson afin que les galettes dorent bien. Retirez-les et égouttez-les sur du papier absorbant. Recouvrez les galettes de papier aluminium et gardez-les au chaud au four th 3 (90 °C) jusqu'au moment de servir.

4 Servez les galettes bien chaudes, accompagnées d'une salade de mesclun.

Vous pouvez aussi ajouter 200 g de riz brun cuit en même temps que la chapelure et le persil haché. Ces galettes accompagneront très bien une viande grillée.

Alsace-Pinot gris à 11 °C

Ingrédients pour 6 personnes

- 8 pommes de terre farineuses
- 4 courgettes
- 80 g de chapelure
- 3 œufs
- 1 oignon
- 2 cuill. à soupe de persil haché
- Huile d'olive
- Sel, poivre

Hamburgers

Préparation : 10 min - Cuisson : 10 min
Difficulté : facile - Budget : pas cher

Pas cher

1 Épluchez les deux oignons. Émincez-en un et coupez l'autre en rondelles. Coupez les tomates en rondelles.

2 Préparez la sauce barbecue : dans un bol, mélangez la sauce tomate avec la sauce Worcestershire et le piment. Réservez. Préchauffez le four th 6 (180 °C).

3 Faites revenir l'oignon émincé dans un peu d'huile et faites-y cuire les steaks hachés. Réservez-les au chaud.

4 Disposez sur la moitié inférieure des pains une feuille de salade, une tranche de fromage, puis un steak haché. Recouvrez d'une autre tranche de fromage, ajoutez une rondelle de cornichon et deux rondelles de tomates.

5 Ajoutez de la sauce barbecue, refermez avec la deuxième moitié de pain et servez sans attendre.

Selon vos goûts, remplacez la sauce barbecue par de la mayonnaise ou du ketchup.

St-Chinian rouge à 15 °C

Ingrédients pour 6 personnes

- 6 steaks hachés
- 6 pains à hamburger
- 12 tranches de fromage à hamburger
- 2 oignons
- 2 tomates
- 6 feuilles de salade
- Quelques gros cornichons
- 1 cuill. à café de poivre noir concassé
- Huile végétale

Pour la sauce barbecue :

- 12,5 cl de sauce tomate
- 1 cuill. à soupe de sauce Worcestershire
- 1 pincée de piment en poudre

Thon mi-cuit et purée au wasabi

Préparation : 20 min - Cuisson : 20 min - Marinade : 30 min
Difficulté : facile - Budget : cher

Chic

Ingrédients pour 6 personnes

- 6 pavés de thon
- 700 g de pommes de terre
- 50 g de beurre
- 40 cl de lait
- 1 l de vin blanc sec
- 50 cl de vinaigre de vin blanc
- 3 cuill. à soupe de wasabi
- 20 g de mélange d'épices (cannelle en poudre, poivre, vanille)
- 2 cuill. à café de graines de sésame

1 Sortez le beurre à l'avance du réfrigérateur. Essuyez les pavés de thon. Versez le vin, le vinaigre et le mélange d'épices dans un plat creux. Ajoutez les pavés de thon et mélangez délicatement pour bien les enduire de marinade. Recouvrez le saladier de film alimentaire et faites mariner 30 minutes au réfrigérateur.

2 Dans une poêle, faites griller les graines de sésame à sec.

3 Mettez les pommes de terre dans une casserole d'eau froide, portez à ébullition et faites cuire pendant 15 à 20 minutes. Égouttez-les, puis écrasez-les à la fourchette, en incorporant progressivement le beurre ramolli, le lait et le wasabi. Mélangez bien. Maintenez la purée au chaud.

4 Présentez la purée sur des assiettes, ajoutez les pavés de thon et servez aussitôt, parsemés de graines de sésames.

Accompagnez le thon de pousses de soja, de dés de tomates pelées et de vert d'oignons nouveaux émincés, présentés dans des ramequins séparés ou parsemés dans les assiettes.

Tavel à 9 °C

Purée de pommes de terre aux olives et au basilic

Préparation : 20 min - Cuisson : 20 min
Difficulté : très facile - Budget : pas cher

Pour les débutants

1 Sortez le beurre à l'avance du réfrigérateur. Égouttez les olives, rincez-les et hachez-les très finement. Rincez, séchez et ciselez le basilic. Faites cuire les pommes de terre dans de l'eau bouillante pendant 15 minutes. Égouttez-les.

2 Pelez les pommes de terre et coupez-les en cubes. Écrasez-les à la fourchette ou au presse-purée, en incorporant progressivement le beurre ramolli, la crème fraîche, les olives et le basilic. Remuez jusqu'à obtention d'une purée onctueuse.

3 Réchauffez la purée sur feu doux, en veillant à ce qu'elle n'attache pas.

4 Servez bien chaud.

Pour une purée plus allégée, remplacez la crème fraîche par 20 cl de lait chaud. Et variez les saveurs en remplaçant les olives par une demi-boule de céleri-rave cuite à l'eau et des lamelles de truffe noire à l'huile.

Beaujolais-Villages rouge à 11 °C

Ingrédients pour 6 personnes

- 1,5 kg de pommes de terre
- 150 g d'olives dénoyautées
- 75 g de beurre
- 25 cl de crème fraîche
- 1 bouquet de basilic

Papillotes de cabillaud à la noix de coco

Préparation : 30 min - Cuisson : 25 min
Difficulté : difficile - Budget : cher

Exotique

1 Saupoudrez les dos de cabillaud de curcuma, de piment et de sel. Pelez et hachez le gingembre, l'ail et les oignons. Pressez le jus du citron. Écrasez les graines de coriandre.

2 Préchauffez le four th 6 (180 °C). Dans une casserole, faites revenir le gingembre, l'ail, les oignons et les gousses de cardamome. Ajoutez le lait de coco, la crème de coco, le jus de citron et la coriandre. Mélangez.

3 Faites blanchir le riz 2 à 3 minutes, égouttez-le et divisez-le en six portions. Découpez six carrés de papier sulfurisé. Déposez une portion de riz, puis un dos de cabillaud sur chaque carré de papier sulfurisé. Arrosez de sauce à la noix de coco et fermez les papillotes. Enfournez et faites cuire pendant 20 minutes.

4 Ouvrez légèrement les papillotes, donnez un tour de moulin à poivre et servez sans attendre.

Ingrédients pour 6 personnes

- 6 dos de cabillaud
- 300 g de riz basmati
- 30 cl de lait de coco
- 30 cl de crème de coco
- 8 gousses de cardamome verte
- 3 gousses d'ail
- 3 oignons
- 3 cm de gingembre frais
- 2 cuill. à soupe de curcuma
- 2 cuill. à café de coriandre
- ½ cuill. à café de piment en poudre
- 1 citron vert
- Sel, poivre du moulin

Vous pouvez remplacer le cabillaud par du colin ou du lieu jaune. Choisissez les morceaux dans la partie dos ou filet afin de ne pas avoir d'arêtes.

Alsace-Gewurztraminer sec à 11 °C

Papillotes de pommes de terre aux herbes

Préparation : 15 min - Cuisson : 1 h
Difficulté : très facile - Budget : pas cher

☺ Convivial

1 Préchauffez le four th 6 (180 °C). Rincez, séchez et hachez les herbes. Brossez les pommes de terre sous l'eau froide.

2 Piquez les pommes de terre avec une fourchette. Enveloppez-les dans du papier aluminium et déposez-les sur la plaque du four. Faites-les cuire 1 heure jusqu'à ce qu'elles soient tendres.

3 Mélangez la crème fraîche et les herbes à l'aide d'une fourchette. Salez et poivrez. Incisez les pommes de terre sur le dessus et introduisez la sauce aux herbes à l'aide d'une cuillère.

4 Dégustez aussitôt en accompagnement d'une grillade.

Vous pouvez badigeonner les pommes de terre d'huile et les enrober de sel pour les rendre plus croustillantes.

Morgon à 13 °C

Ingrédients pour 6 personnes

- 6 grosses pommes de terre
- 30 cl de crème fraîche
- ½ bouquet de persil
- ½ bouquet de ciboulette
- ½ bouquet d'estragon
- Sel, poivre

Saumon vapeur à la coriandre

Préparation : 15 min - Cuisson : 15 min
Difficulté : très facile - Budget : abordable

Chic

1 Salez et poivrez les filets de poisson.

2 Coupez tous les légumes en julienne et mélangez-les.

3 Mettez les morceaux de poisson dans le panier d'un cuit-vapeur. Ajoutez la julienne de légumes, le vin et le bouillon. Mettez le couvercle et faites cuire pendant 15 minutes environ.

4 Lavez, séchez et effeuillez la coriandre. Présentez les filets de saumon sur des assiettes, ajoutez la julienne de légumes par-dessus, décorez de quelques brins de coriandre et servez aussitôt.

Variez les légumes en fonction des saisons : préparez une julienne de légumes du soleil avec des courgettes, du fenouil et des poivrons.

Sancerre blanc à 11 °C

Ingrédients pour 6 personnes

- 800 g de filets de saumon
- 150 g de carottes
- 150 g de céleri-rave
- 150 g de poireaux
- 10 cl de vin blanc sec
- 10 cl de bouillon de légumes
- 1 bouquet de coriandre
- Sel, poivre

Gratin dauphinois

Préparation : 20 min - Cuisson : 1 h 45
Difficulté : très facile - Budget : pas cher

Pas cher

1 Épluchez les pommes de terre, rincez-les et séchez-les. Coupez-les en fines rondelles et réservez-les dans un torchon.

2 Mettez les pommes de terre dans une marmite. Versez le lait, puis ajoutez la feuille de laurier, le gros sel, la noix de muscade et poivrez. Portez à ébullition et faites cuire 15 minutes à feu doux. Préchauffez le four th 6 (180 °C).

3 Pelez la gousse d'ail. Beurrez un plat à gratin et frottez-le avec la gousse d'ail. Égouttez les pommes de terre, retirez la feuille de laurier et mettez-les dans le plat. Versez par-dessus la crème liquide et mettez quelques cuillerées de crème épaisse sur le dessus du plat. Parsemez de quelques noisettes de beurre. Faites cuire 1 heure 30.

4 Servez bien chaud avec une viande rôtie ou poêlée.

Coupez les pommes de terre au robot, les rondelles seront plus fines. Vous pouvez aussi faire la totalité de la cuisson au four en battant ensemble la crème liquide et ¼ l de lait. Ajoutez la noix de muscade, salez et poivrez, et faites cuire 2 heures au four.

Chardonnay à 9 °C

Ingrédients pour 6 personnes

- 1,5 kg de pommes de terre (charlotte ou roseval)
- 75 cl de crème liquide
- 1 l de lait entier
- 1 gousse d'ail
- 1 feuille de laurier
- 1 pincée de noix de muscade râpée
- 1 cuill. à café de gros sel
- 1 petit pot de crème fraîche épaisse
- Poivre
- Beurre

Gratin de colin

Préparation : 25 min - Cuisson : 45 min
Difficulté : facile - Budget : abordable

Pour les débutants

1 Épluchez les pommes de terre et coupez-les en quartiers. Faites-les cuire dans de l'eau salée pendant 20 minutes. Égouttez-les et passez-les au presse-purée. Délayez la purée avec le lait préalablement chauffé, salez, poivrez et ajoutez le beurre.

2 Faites pocher les filets de colin dans de l'eau bouillante pendant 10 minutes. Égouttez-les, effeuillez-les et incorporez-les à la purée de pommes de terre.

3 Épluchez l'ail et hachez-le avec le persil. Préchauffez le four th 7 (210 °C) et beurrez un plat à gratin.

4 Répartissez la préparation dans le plat, parsemez d'ail et de persil hachés, et saupoudrez de gruyère râpé. Faites cuire 10 minutes, puis laissez gratiner 5 minutes supplémentaires.

5 Servez très chaud.

Vous pouvez remplacer les filets de colin par des filets de cabillaud ou par du haddock, préalablement mis à dessaler dans une assiette de lait.

Bordeaux blanc sec à 7 °C

Ingrédients pour 6 personnes

- 800 g de filets de colin
- 1 kg de pommes de terre
- 80 g de gruyère râpé
- 25 g de beurre
- ¼ l de lait
- 2 gousses d'ail
- 1 bouquet de persil
- 1 noix de beurre pour le plat à gratin
- Sel, poivre

Gratin de légumes à la sauge

Préparation : 35 min - Cuisson : 45 min
Difficulté : facile - Budget : abordable

Chic

1 Épluchez et rincez les poireaux. Jetez la partie verte. Coupez le reste en quatre dans le sens de la longueur.

2 Épluchez et rincez les carottes et les pieds de céleri. Coupez-les en quatre dans le sens de la longueur.

3 Rincez et séchez les feuilles de sauge. Disposez-en six dans le bas du cuit-vapeur. À l'étage supérieur, déposez tous les légumes et faites-les cuire 15 minutes. Retirez-les à l'aide d'une écumoire. Jetez les feuilles de sauge.

4 Préchauffez le four th 6 (180 °C). Huilez un plat à gratin. Répartissez-y la moitié des légumes en couches superposées. Parsemez de chèvre émietté, ciselez les six dernières feuilles de sauge et dispersez-les sur les légumes. Recouvrez du reste de légumes.

5 Dans un bol, battez les œufs, le lait et la crème. Salez et poivrez. Ajoutez la noix de muscade râpée. Battez de nouveau, puis versez cette préparation sur les légumes.

6 Enfournez et faites gratiner 30 minutes. Servez bien chaud accompagné de poisson ou de viande.

Pour un plat plus consistant, ajoutez des tranches de jambon blanc ou de jambon fumé entre les deux couches de légumes.

Chablis à 9 °C

Ingrédients pour 6 personnes

- 600 g de carottes
- 150 g de chèvre frais
- 15 cl de lait
- 15 cl de crème fraîche
- 12 feuilles de sauge
- 5 poireaux
- 3 pieds de céleri
- 3 œufs
- 1 pincée de noix de muscade
- Huile
- Sel, poivre

Ingrédients pour 6 personnes

- 500 g de courgettes
- 500 g de tomates
- 3 gros oignons
- 3 gousses d'ail
- 8 branches de thym frais
- Noix de muscade
- Parmesan râpé
- Huile d'olive
- Sel, poivre

Tian de tomates et de courgettes

Préparation : 20 min - Cuisson : 50 min
Difficulté : facile - Budget : pas cher

Pour les débutants

1 Rincez les courgettes et les tomates, et coupez-les en fines tranches. Épluchez les oignons et les gousses d'ail, et émincez-les. Ciselez le thym.

2 Préchauffez le four th 6 (180 °C) et huilez un plat à gratin. Disposez une couche de courgettes, une couche de tomates, salez et poivrez, puis ajoutez l'ail et les oignons. Saupoudrez de noix de muscade et versez un filet d'huile d'olive. Parsemez de thym. Renouvelez cette opération jusqu'à épuisement des ingrédients.

3 Saupoudrez de parmesan et faites cuire au four pendant 50 minutes. Dégustez chaud ou froid, en accompagnement d'un rôti froid ou d'une viande grillée.

Pour un tian plus consistant, blanchissez deux verres de riz pendant 3 minutes, puis égouttez-le. Mettez le riz dans le fond du plat et disposez les légumes par-dessus.

Bellet rosé à 8 °C

Hachis Parmentier

Préparation : 30 min - Cuisson : 50 min
Difficulté : très facile - Budget : pas cher

Pas cher

1 Pelez les pommes de terre et faites-les cuire dans de l'eau salée pendant 20 minutes. Égouttez-les et passez-les au presse-purée. Faites chauffer le lait et versez-le peu à peu sur les pommes de terre. Battez jusqu'à obtention d'une purée onctueuse. Dosez la quantité de lait en fonction de la consistance que vous souhaitez obtenir. Salez et poivrez. Ajoutez 40 g de beurre.

2 Épluchez l'ail et les oignons. Hachez-les avec le persil et le bœuf. Ajoutez les deux jaunes d'œufs et la crème fraîche, et mélangez bien le tout.

3 Préchauffez le four th 7 (210 °C). Beurrez six ramequins.

4 Disposez une couche de purée dans le fond de chaque ramequin. Répartissez le hachis de viande sur la purée, puis recouvrez avec le reste de purée. Saupoudrez de fromage râpé et parsemez de noisettes de beurre. Enfournez.

5 Faites cuire environ 30 minutes. Servez immédiatement accompagné d'une salade verte.

Utilisez les restes de pot-au-feu (viande et légumes) pour réaliser le hachis, cela lui donnera un délicieux parfum d'antan.

Bourgogne rouge à 13 °C

Ingrédients pour 6 personnes

- 1,8 kg de pommes de terre
- 900 g de bœuf cuit
- 100 g de fromage râpé
- ¼ l de lait
- 2 jaunes d'œufs
- 15 cl de crème fraîche liquide
- 2 oignons
- 2 gousses d'ail
- 1 bouquet de persil
- Beurre
- Sel, poivre

Moussaka

Préparation : 45 min - Cuisson : 50 min - Réfrigération : 12 h
Difficulté : facile - Budget : abordable

Peut se faire la veille

Ingrédients pour 6 personnes

- 1,5 kg d'aubergines
- 600 g de bœuf haché
- 3 oignons
- 2 tomates
- 1 boule de mozzarella
- 30 cl de bouillon de bœuf
- 25 g de farine
- Huile d'olive
- Sel, poivre

1 Lavez et coupez les aubergines en tranches dans la longueur. Mettez-les dans un plat et salez-les. Laissez-les dégorger 1 heure, puis essuyez-les avec un linge et faites-les frire dans une poêle dans de l'huile d'olive. Égouttez-les sur du papier absorbant.

2 Pelez et hachez les oignons. Coupez les tomates en tout petits cubes. Faites chauffer trois cuillères à soupe d'huile dans une poêle et faites-y revenir l'oignon. Quand il est blond, ajoutez les cubes de tomates et la viande. Salez et poivrez. Faites cuire 2 minutes en remuant.

3 Saupoudrez de farine, mélangez et arrosez de 15 cl de bouillon. Faites cuire 10 minutes en remuant régulièrement.

4 Coupez la mozzarella en tranches. Huilez un plat à gratin. Montez la moussaka en alternant une couche de tranches d'aubergines et une couche de préparation à la viande. Terminez par des aubergines. Arrosez du reste de bouillon et recouvrez de tranches de mozzarella. Placez au frais jusqu'au lendemain, couvert de papier aluminium.

5 Le lendemain, préchauffez le four th 6 (180 °C). Enfournez la moussaka et faites cuire 25 minutes. Servez dès la sortie du four.

Pour gagner du temps, pensez aux aubergines surgelées déjà grillées. Elles seront moins grasses et vous permettront de préparer une moussaka express le jour même.

Bourgueil rouge à 15 °C

Brochettes de porc à la sauce à l'ail

Préparation : 20 min - Cuisson : 15 min - Marinade : 6 h
Difficulté : facile - Budget : abordable

Peut se faire la veille

1 La veille, versez dans le bol du mixeur le jus des citrons avec une cuillerée d'huile, les gousses d'ail pelées et dégermées, les gousses de cardamome, le poivre de Cayenne , le cumin, le curry et le brin de thym effeuillé.

2 Mixez jusqu'à obtenir une pâte bien lisse. Versez cette pâte sur la viande coupée en cubes, placez dans une boîte hermétique et secouez pour bien enrober la viande. Réservez au moins 6 heures au frais.

3 Préparez la sauce à l'ail. Lavez les tomates cerises. Épluchez et dégermez les gousses d'ail. Mixez les yaourts avec les gousses d'ail et la ciboulette. Versez dans un bol, ajoutez les tomates cerises coupées en deux, recouvrez de film alimentaire et placez au frais.

4 Le jour-même, allumez le gril du four. Huilez douze brochettes en bois. Enfilez les dés de viande marinés. Faites-les griller environ 15 minutes en les arrosant de marinade et en les retournant souvent.

Si vous utilisez des brochettes en bois et afin qu'elles ne brûlent pas, trempez-les dans de l'eau froide avant d'enfiler les morceaux de viande. Pour une cuisson au barbecue, retournez et arrosez sans cesse les morceaux de viande.

Fronsac à 16 °C

Ingrédients pour 6 personnes

- 1 kg de filet de porc
- Le jus de 4 citrons
- 10 gousses de cardamome
- 5 gousses d'ail
- 1 cuill. à café de cumin
- 1 cuill. à café de curry
- ¼ cuill. à café de poivre de Cayenne
- 1 brin de thym
- 2 cuill à soupe d'huile

Pour la sauce à l'ail :

- 3 yaourts nature
- 3 gousses d'ail
- 8 tomates cerises
- ½ bouquet de ciboulette

Brochettes de saumon au guacamole

Préparation : 25 min - Cuisson : 10 min - Réfrigération : 2 h
Difficulté : très facile - Budget : abordable

Rapide

Ingrédients pour 6 personnes

- 800 g de filets de saumon
- 6 petits oignons nouveaux
- 2 poivrons jaunes
- 10 cl de vin blanc doux
- 10 cl d'huile d'olive
- 3 cuill. à soupe de moutarde à l'ancienne
- Sel, poivre

Pour le guacamole :

- 2 avocats
- ½ citron vert
- 1 oignon
- 1 gousse d'ail
- 1 tomate

→ échalottes françaises

1 Préparez le guacamole : épluchez, puis hachez l'oignon et l'ail. Pelez et épépinez la tomate, puis coupez-la en tout petits dés. Pressez le jus du citron. Écrasez la chair des avocats, ajoutez le jus du citron, les dés de tomates, l'ail et l'oignon, et mélangez bien. Recouvrez de film alimentaire et placez au frais pendant 2 heures au minimum.

2 Découpez le saumon en gros cubes. Mettez-les dans un plat creux. Salez et poivrez. Délayez la moutarde avec le vin blanc et versez sur le poisson.

3 Rincez et coupez les poivrons en deux. Retirez le pédoncule, les pépins et les côtes blanches, et coupez-les en cubes. Épluchez les oignons et coupez-les en deux.

4 Allumez le four en position gril. Mouillez des brochettes en bois et enfilez, en alternant sur chacune, un cube de saumon, un demi-oignon et un morceau de poivron.

5 Disposez les six brochettes sur la lèchefrite et badigeonnez-les d'huile d'olive. Glissez-les sous le gril du four et faites-les cuire 10 minutes environ, en les retournant à mi-cuisson.

6 Dégustez bien chaud, accompagné du guacamole.

Pour des saveurs terre et mer, entourez chaque cube de saumon d'une fine tranche de lard avant de les enfiler sur les brochettes.

Touraine blanc à 9 °C

Kebab d'agneau et taboulé

Préparation : 45 min - Cuisson : 30 min - Réfrigération : 12 h
Difficulté : facile - Budget : abordable

Exotique

1 Préparez la marinade la veille : mélangez le jus de citron, l'huile d'olive, l'ail pilé et l'agneau coupé en cubes. Mélangez bien, puis couvrez et réservez 12 heures au frais.

2 Préparez le taboulé la veille : pressez les citrons. Plongez les tomates dans de l'eau bouillante et pelez-les. Épépinez-les et coupez-les en petits dés. Épluchez le concombre, coupez-le en deux dans le sens de la longueur et ôtez les graines. Épluchez les oignons et râpez-les avec une grosse grille. Ciselez la menthe et le persil. Mélangez le jus des citrons, l'huile d'olive et le concombre. Salez et poivrez. Versez la semoule et mélangez à la fourchette. Ajoutez les tomates, les oignons et les herbes. Réservez au frais toute la nuit.

3 Le lendemain, allumez le gril du four. Coupez les aubergines dans le sens de la longueur, sans les peler. À l'aide d'un pinceau, badigeonnez la chair d'huile. Saupoudrez de gros sel et enfournez 20 minutes.

4 Retirez la viande de la marinade. Enfilez les cubes d'agneau sur six brochettes. Mettez-les sur la grille du four et enfournez au-dessus de la lèchefrite. Faites cuire les kebab 10 minutes en les retournant souvent et en les arrosant de marinade pour qu'ils restent tendres.

5 Servez-les bien chaudes accompagnées des aubergines et de taboulé.

En été, faites cuire les kebab au barbecue, en les retournant très souvent et en les arrosant sans cesse de marinade.

Palette rosé à 9 °C

Ingrédients pour 6 personnes

- 800 g de filets d'agneau
- 3 petites aubergines
- Huile d'olive
- Gros sel

Pour la marinade :

- Le jus d'un citron
- 1 gousse d'ail
- 2 cuill. à soupe d'huile d'olive

Pour le taboulé :

- 250 g de boulghour
- 5 citrons verts
- 2 grosses tomates
- 1 concombre
- 4 petits oignons
- ½ bouquet de menthe
- ½ bouquet de persil
- 4 cuill. à soupe d'huile d'olive
- Sel, poivre

Ingrédients pour 6 personnes

- 2 kg de travers de porc
- 2 gousses d'ail
- 7 cm de gingembre frais
- 6 cuill. à soupe de sauce soja
- 3 cuill. à soupe de miel d'acacia
- 3 cuill. à soupe de vinaigre de Xérès

Spare ribs

Préparation : 20 min - Cuisson : 20 min - Marinade : 1 h
Difficulté : facile - Budget : abordable

☺ Convivial

1 Pelez l'ail, dégermez-le et écrasez-le. Râpez le gingembre avec une grille fine. Dans un plat creux, mélangez l'ail, le gingembre, la sauce soja, le miel et le vinaigre.

2 Coupez les travers de porc en morceaux de 6 cm et incorporez-les dans la marinade. Laissez-les mariner 1 heure en les retournant de temps en temps, puis mettez-les au frais.

3 Allumez le four en position gril. Recouvrez la lèchefrite de papier cuisson. Disposez les travers de porc sur la grille du four et placez la grille directement sur la lèchefrite. Faites cuire 20 minutes en retournant les morceaux régulièrement dans la sauce.

4 Servez accompagné de pommes de terre cuites au four dans du papier aluminium.

Pour une recette plus estivale, faites cuire la viande au barbecue. Retournez régulièrement les morceaux de viande et badigeonnez-les souvent de marinade à l'aide d'un pinceau.

Coteaux du Languedoc rouge à 15 °C

Gigot d'agneau

Préparation : 30 min - Cuisson : 45 min
Difficulté : très facile - Budget : cher

Chic

1 Laissez le gigot à température ambiante. Préchauffez le four à chaleur maximum pendant 15 minutes. Dans un bol, fouettez les yaourts avec les œufs et la farine. Poivrez, mélangez bien et réservez au frais.

2 Pelez les gousses d'ail. Dégermez-les et émincez les plus grosses dans le sens de la longueur. Répartissez les gousses d'ail dans la chair du gigot, en faisant des entailles à l'aide de la pointe d'un couteau.

3 Huilez un grand plat creux allant au four et déposez-y le gigot. Faites cuire 45 minutes. Au bout de 15 minutes de cuisson, baissez la température sur th 7 (210 °C) et badigeonnez le gigot de sauce au yaourt à l'aide d'un pinceau. Réservez le reste de sauce au yaourt au frais. Versez un petit verre d'eau chaude dans le plat. Surveillez la cuisson. Arrosez le gigot de jus de cuisson et badigeonnez-le régulièrement de sauce au yaourt. Ajoutez de l'eau dans le plat si nécessaire.

4 Lorsque le gigot est cuit, retirez-le du plat, déposez-le sur une planche et poivrez-le à nouveau. Coupez-le en tranches.

5 Servez aussitôt avec le reste de sauce au yaourt.

Ce plat, originaire d'Albanie, est délicieux au printemps lorsqu'il est réalisé avec des petits gigots d'agneaux de lait très tendres.

Côtes de Bourg rouge à 15 °C

Ingrédients pour 6 personnes

- 1 gigot d'agneau de 2 kg
- 1 tête d'ail
- Huile d'olive
- Sel, poivre

Pour la sauce au yaourt :

- 3 yaourts à la grecque
- 2 œufs
- 2 cuillères à soupe de farine
- Poivres mélangés

Lapin à la moutarde

Préparation : 20 min - Cuisson : 30 min
Difficulté : très facile - Budget : cher

Se congèle facilement

1 Préchauffez le four th 7 (210 °C).
2 Huilez un grand plat allant au four. Badigeonnez les cuisses de lapin avec cinq cuillères à soupe de moutarde et déposez-les dans le plat. Salez et poivrez. Parsemez de beurre et de thym, puis arrosez de vin blanc.
3 Faites cuire 25 minutes. Retournez les cuisses de temps en temps pour les arroser de sauce.
4 Sortez le plat du four et réservez les cuisses de lapin dans le plat de service. Mettez le plat de cuisson sur feu doux. Versez-y la crème fleurette, puis ajoutez la moutarde restante et raclez bien le fond du plat avec le dos d'une fourchette. Rectifiez l'assaisonnement, puis versez la sauce sur les cuisses de lapin.
5 Servez bien chaud, accompagné de tagliatelles ou de pommes de terre.

Ingrédients pour 6 personnes

- 12 cuisses de lapin
- 50 g de beurre
- 20 cl de crème fleurette
- 20 cl de vin blanc sec
- 7 cuill. à soupe de moutarde de Dijon
- Huile d'arachide
- 1 pincée de thym
- Sel, poivre

Ajoutez dans le plat, avant de mettre les cuisses de lapin, deux carottes coupées en rondelles et 150 g de lardons préalablement dorés dans une poêle à blanc. Retirez-les du plat en même temps que les cuisses de lapin pour lier la sauce.

Côtes du Rhône rouge à 15 °C

Rôti de porc au lait

Préparation : 20 min - Cuisson : 2 h - Marinade : 12 h
Difficulté : facile - Budget : cher

Pour les débutants

1 Versez le lait dans un saladier. Ajoutez les feuilles de laurier et l'origan. Poivrez généreusement. Pelez un oignon, coupez-le en rondelles et ajoutez-le au mélange. Mettez le rôti de porc dans le lait, recouvrez de film alimentaire et laissez mariner au frais pendant 12 heures.

2 Sortez le rôti du lait et égouttez-le. Séchez-le dans du papier absorbant, salez et poivrez-le sur toute sa surface, puis saupoudrez-le de farine. Faites chauffer l'huile dans une grande cocotte et faites-y dorer le rôti sur toutes ses faces. Épluchez l'oignon restant et les échalotes, émincez-les et ajoutez-les dans la cocotte.

3 Versez le lait dans la cocotte, couvrez et faites cuire à feu doux environ 2 heures.

4 Enlevez le rôti de la sauce. Filtrez la sauce, puis ajoutez la crème fraîche en fouettant bien.

5 Découpez le rôti en tranches, faites réchauffer la sauce doucement, sans la faire bouillir et servez accompagné d'une purée de pommes de terre.

Parfumez la marinade avec des épices (clous de girofle, Garam massala, anis étoilé, thym, …)

Saumur-Champigny à 16 °C

Ingrédients pour 6 personnes

- 1 rôti de porc de 1,2 kg
- 1 l de lait
- 150 g de crème fraîche épaisse
- 2 cuill. à café de farine
- 2 oignons
- 2 échalotes
- 2 feuilles de laurier
- 2 cuill. à café d'origan
- 3 cuill. à soupe d'huile d'olive
- Sel, poivre

Fricassée de légumes au miel

Préparation : 20 min - Cuisson : 25 min
Difficulté : facile - Budget : abordable

Pour les débutants

1 Épluchez les carottes et coupez-les en fines lamelles. Rincez les poivrons et les courgettes. Coupez les poivrons en deux, ôtez les pépins et les côtes blanches, et coupez-les en fines lamelles. Coupez les courgettes en fines lamelles également.

2 Faites bouillir une grande quantité d'eau salée et plongez-y les légumes pendant 5 minutes. Égouttez-les et séchez-les dans du papier absorbant.

3 Pelez et émincez les gousses d'ail. Faites chauffer de l'huile d'olive dans un grand faitout. Ajoutez l'ail et faites revenir les légumes blanchis pendant 20 minutes, ils doivent être cuits tout en restant croquants. Ajoutez le miel et l'origan 5 minutes avant la fin de la cuisson, et mélangez bien pour que tous les légumes s'imprègnent bien du miel. Salez et poivrez.

4 Servez bien chaud, parsemé de graines de pavot.

Pour une recette exotique, ajoutez du cumin en même temps que l'origan et parsemez les légumes de coriandre fraîche ciselée avant de servir.

Bordeaux rouge à 15 °C

Ingrédients pour 6 personnes

- 3 carottes
- 2 petites courgettes
- 1 poivron rouge
- 1 poivron jaune
- 2 gousses d'ail
- 3 cuill. à soupe de miel
- 2 cuill. à soupe de graines de pavot
- 2 cuill. à soupe d'origan
- Huile d'olive
- Sel, poivre

Moules à la tomate

Préparation : 45 min - Cuisson : 25 min
Difficulté : facile - Budget : pas cher

Pas cher

1 Préparez la sauce tomate : rincez et coupez le poivron en deux. Retirez les pépins et les côtes blanches, et coupez-le en petits dés. Nettoyez et émincez les champignons. Épluchez les gousses d'ail et pilez-les. Épluchez et émincez l'oignon et les échalotes.

2 Faites chauffer de l'huile dans une grande poêle et faites-y blondir l'ail, l'oignon et les échalotes en remuant. Ajoutez le poivron et les champignons. Incorporez les tomates concassées avec leur jus, le concentré de tomates et le bouillon. Portez à ébullition. Baissez le feu et laissez mijoter jusqu'à ce que la sauce épaississe.

3 Rincez, séchez et ciselez le persil. Ébarbez les moules. Versez-les avec le vin blanc dans un grand faitout et faites-les ouvrir, à couvert et à feu vif, pendant 5 minutes environ.

4 Égouttez les moules. Mettez-les dans un saladier et versez la sauce tomate bien chaude par-dessus.

5 Servez sans attendre, saupoudré de persil.

Ébarbez les moules au dernier moment afin qu'elles ne perdent pas leur eau. Ne les laissez pas tremper dans l'eau et éliminez toutes les moules ouvertes.

Muscadet-Sèvre et Maine à 9 °C

Ingrédients pour 6 personnes

- 2 kg de petites moules
- 1 verre de vin blanc sec
- 1 bouquet de persil plat

Pour la sauce tomate :

- 1 grosse de boîte de tomates pelées et concassées
- 425 g de concentré de tomates
- 100 g de champignons de Paris
- 25 cl de bouillon de volaille
- 1 poivron vert
- 1 oignon
- 3 échalotes
- 3 gousses d'ail
- Huile

Pommes de terre aux poivrons et au chorizo

Préparation : 25 min - Cuisson : 1 h 15
Difficulté : facile - Budget : pas cher

Pas cher

Ingrédients pour 6 personnes

- 1 kg de pommes de terre nouvelles
- 250 g de chorizo
- 250 g d'oignons
- 10 cl de vin blanc sec
- 2 poivrons rouges
- 2 branches de thym
- 2 feuilles de laurier
- Huile d'arachide
- Sel, poivre

1 Brossez les pommes de terre sous l'eau froide et coupez-les en quatre sans les peler. Épluchez les oignons et coupez-les en lamelles de 1 cm. Rincez et séchez les poivrons. Coupez-les en deux. Ôtez les pépins et les côtes blanches, et coupez-les en petits cubes. Coupez le chorizo en rondelles.

2 Faites chauffer de l'huile dans une poêle et faites-y blondir les oignons. Ajoutez les poivrons. Remuez et laissez cuire 10 minutes. Ajoutez alors les pommes de terre et le vin. Salez et poivrez. Parsemez de thym émietté, puis déposez les feuilles de laurier et les rondelles de chorizo. Couvrez et faites cuire 1 heure à feu très doux.

3 Laissez reposer quelques minutes avant de servir.

Vous pouvez aussi faire cuire ce plat au four dans un Römertopf ou dans une cocotte en terre.

Gigondas rouge à 15 °C

Paella au chorizo

Préparation : 45 min - Cuisson : 40 min
Difficulté : facile - Budget : cher

Peut se faire la veille

1 Épluchez les oignons et coupez-les en lamelles. Pelez et écrasez l'ail. Plongez les tomates 10 secondes dans de l'eau bouillante, puis pelez-les, épépinez-les et concassez-les. Coupez les poivrons en deux, retirez les pépins et les côtes blanches, puis rincez-les, séchez-les et coupez-les en lamelles. Retirez la peau du chorizo et coupez-le en rondelles.

2 Faites chauffer de l'huile d'olive dans une grande sauteuse. Faites-y dorer les poivrons, puis retirez-les à l'aide d'une écumoire et réservez-les. Faites dorer les rondelles de chorizo dans la même sauteuse et réservez-les. Faites dorer les oignons, toujours dans la même sauteuse, puis ajoutez l'ail. Laissez cuire et ajoutez les tomates. Mélangez bien, attendez 2 ou 3 minutes et versez le bouillon chaud. Jetez le riz en pluie, puis ajoutez le safran, le paprika et les petits pois. Salez et poivrez. Faites cuire à feu doux pendant 15 minutes. Le fond doit commencer à attacher. Si le riz n'est pas encore cuit, ajoutez un peu d'eau et poursuivez la cuisson.

3 Disposez les poivrons et le chorizo sur le riz. Couvrez et laissez cuire 5 minutes supplémentaires.

4 Servez très chaud directement dans le poêlon de cuisson, accompagné de tranches de citrons.

Pour une paella plus copieuse, faites revenir six morceaux de poulet avec les oignons. Adaptez le temps de cuisson à la taille des morceaux de poulet et ajoutez des crevettes roses en même temps que les poivrons.

Bandol rosé à 9 °C

Ingrédients pour 6 personnes

- 300 g de chorizo
- 600 g de riz rond de Camargue
- 300 g de petits pois écossés
- 6 tomates
- 3 poivrons rouges
- 2 oignons
- 3 citrons
- 2 gousses d'ail
- 1 l de bouillon de volaille
- 2 doses de safran en poudre
- 2 cuill. à café de paprika
- Huile d'olive
- Sel, poivre

Poulet au chutney d'abricots

Préparation : 30 min - Cuisson : 50 min
Difficulté : difficile - Budget : cher

Exotique

Ingrédients pour 6 personnes

- 900 g de blancs de poulet
- 3 poivrons rouges
- 3 poivrons jaunes
- Huile
- Sel, poivre

Pour le chutney aux abricots :

- 500 g d'abricots
- 100 g de sucre en poudre
- 30 g de gingembre frais
- 20 cl de vinaigre blanc
- 1 citron vert
- 2 clous de girofle
- 1 petit piment oiseau
- Poivre

1 Préparez le chutney : rincez les abricots. Coupez-les en deux, retirez les noyaux et coupez la chair en dés de 1 cm. Pelez le gingembre et coupez-le en fines lamelles.

2 Rincez le citron et prélevez le zeste en petits rubans. Pressez le jus et mettez le zeste et le jus dans une casserole. Incorporez le sucre, puis le poivre, les clous de girofle, le piment, le gingembre et le vinaigre de vin blanc. Posez la casserole sur feu doux et portez à ébullition.

3 Ajoutez les dés d'abricots. Mélangez et laissez cuire 30 minutes à feu doux en remuant de temps en temps. Retirez du feu et laissez tiédir.

4 Rincez, séchez et coupez les poivrons en deux. Épépinez-les, ôtez les côtes blanches et coupez-les en lamelles. Découpez les blancs de poulet en lamelles. Faites chauffer de l'huile dans une poêle et faites-y revenir les poivrons. Remuez. Faites cuire 15 minutes, puis ajoutez les lamelles de poulet. Faites cuire 10 minutes supplémentaires, en remuant. Salez et poivrez. Retirez les lamelles de poivrons et de poulet à l'aide d'une écumoire.

5 Servez accompagné du chutney tiède.

Le chutney peut se conserver dans un bocal hermétique plusieurs mois au réfrigérateur.

Mercurey rouge à 15 °C

Saltimboccas de veau

Préparation : 20 min - Cuisson : 10 min
Difficulté : difficile - Budget : cher

Rapide

1 Demandez à votre boucher de couper des escalopes extrêmement fines. Rincez les feuilles de sauge et de laurier, et séchez-les. Découpez la mozzarella dans le sens de la longueur afin d'obtenir six tranches de la taille des escalopes.

2 Déposez une tranche de jambon sur chaque escalope, puis deux feuilles de sauge et une feuille de laurier, et enfin une tranche de mozzarella.

3 Roulez le tout et maintenez attaché à l'aide d'une pique en bois. Passez rapidement les escalopes dans la farine et secouez-les pour retirer l'excédent.

4 Faites chauffer de l'huile dans une grande poêle et faites revenir les escalopes 3 minutes sur chaque face. Retirez-les et réservez-les au chaud. Jetez l'huile. Déglacez la poêle avec le vin sur feu vif, en grattant avec une cuillère en bois. Le vin doit réduire de moitié. Ajoutez le beurre froid en morceaux, petit à petit, en remuant sans cesse à l'aide d'un petit fouet. Salez et poivrez.

5 Servez les escalopes nappées de sauce au vin et accompagnées de tagliatelles.

Pour des saltimboccas encore plus italiennes, remplacez le vin blanc par du marsala, parsemez-les de parmesan et enfournez quelques minutes sous le gril avant de servir.

Anjou rouge à 12 °C

Ingrédients pour 6 personnes

- 6 escalopes de veau
- 6 tranches de jambon cru
- 12 feuilles de sauge fraîche
- 6 feuilles de laurier
- 1 pavé de mozzarella
- 25 cl de vin blanc sec
- 30 g de beurre
- Farine
- Huile d'arachide
- Sel, poivre

Bœuf aux légumes croquants

Préparation : 30 min - Cuisson : 15 min
Difficulté : facile - Budget : abordable

Rapide

Ingrédients pour 6 personnes

- 1,2 kg de rumsteck
- 500 g de bock choy (chou chinois)
- 200 g de haricots verts
- 15 cl de bouillon de poule
- 4 carottes
- 1 gousse d'ail
- 3 cuill. à soupe de sauce soja
- 2 cuill. à soupe de sauce aux haricots de soja noirs
- 1 cuill. à soupe d'huile d'arachide
- 2 cuill. à café de Maïzena
- 1 cuill. à café d'huile aux piments
- 1 cuill. à café de sucre roux

1 Épluchez, rincez et séchez les carottes. Coupez-les en fins bâtonnets. Émincez le bock choy. Coupez la viande en fines tranches. Épluchez l'ail et pilez-le.

2 Dans un saladier, mélangez la viande, l'ail pilé, l'huile d'arachide et l'huile aux piments. Faites chauffer de l'huile dans un wok et faites-y dorer la viande. Retirez-la à l'aide d'une écumoire et réservez-la dans une assiette.

3 Diluez la Maïzena dans le bouillon. Ajoutez la sauce soja, la sauce aux haricots de soja noirs, le sucre roux et le bouillon. Portez à ébullition jusqu'à ce que la sauce épaississe, puis ajoutez les haricots verts. Faites-les sauter pendant 2 minutes.

4 Rajoutez la viande dans le wok avec les carottes et le bock choy. Faites revenir jusqu'à ce que le bock choy soit tendre. Servez aussitôt.

Si vous ne trouvez pas de bock choy, vous pouvez le remplacer par des blettes.

Graves rouge à 16 °C

Nouilles au poulet et aux légumes

Préparation : 30 min - Cuisson : 25 min
Difficulté : facile - Budget : abordable

Exotique

1 Faites cuire les nouilles dans de l'eau bouillante salée, avec un peu d'huile d'olive, pendant 5 minutes. Égouttez-les et réservez-les.

2 Découpez les blancs de poulet en lanières et rincez les légumes. Coupez le poivron en deux, ôtez les pépins et les côtes blanches, et coupez-le en petits dés. Égouttez les épis de maïs et coupez-les en deux dans le sens de la longueur. Épluchez l'oignon et émincez-le. Nettoyez les champignons et émincez-les.

3 Faites chauffer de l'huile d'olive dans un wok et faites revenir le poulet pendant 5 minutes. Ajoutez les légumes et poursuivez la cuisson 10 minutes.

4 Délayez la Maïzena avec le vinaigre et la sauce soja, puis ajoutez le sucre. Incorporez le tout dans le wok et ajoutez les nouilles. Mélangez et faites réchauffer 5 minutes avant de déguster.

Variez les plaisirs avec les légumes de saison : ajoutez des lamelles de chou chinois, des brocolis, des carottes émincées, du fenouil …

Alsace-Pinot noir rouge à 13 °C

Ingrédients pour 6 personnes

- 900 g de blancs de poulet
- 400 g de nouilles de riz
- 300 g de champignons chinois
- 150 g de pois gourmands
- 1 poivron rouge
- 1 oignon
- 1 petite boîte de mini-épis de maïs
- 6 cuill. à soupe de sauce soja
- 2 cuill. à soupe de vinaigre blanc
- 2 cuill. à café de Maïzena
- 2 cuill. à café de sucre en poudre
- Huile d'olive
- Sel

Porc aux petits légumes

Préparation : 20 min - Cuisson : 25 min
Difficulté : très facile - Budget : abordable

Exotique

Ingrédients pour 6 personnes

- 1 kg de filets mignons de porc
- 600 g de petites pommes de terre
- 2 poivrons rouges
- 2 poivrons jaunes
- 3 oignons
- 2 gousses d'ail nouveau
- 5 cm de gingembre frais
- 7 cuill. à soupe de sauce soja
- 4 cuill. à soupe d'huile d'arachide
- 2 cuill. à soupe de vinaigre de riz
- 1 bouquet de coriandre

1 Coupez la viande en fines lamelles. Pelez le gingembre et râpez-le. Épluchez les oignons et hachez-les. Rincez les poivrons, épépinez-les et coupez-les en lanières. Rincez, séchez et ciselez la coriandre. Rincez les pommes de terre et coupez-les en deux.

2 Faites chauffer deux cuillerées à soupe d'huile dans le wok et faites-y dorer la viande avec le gingembre pendant 3 minutes, en remuant sans cesse. Réservez.

3 Versez deux cuillerées à soupe d'huile dans le wok et faites cuire les pommes de terre, les gousses d'ail avec leur peau, les oignons et les poivrons pendant 15 minutes environ. Mélangez bien, puis ajoutez la sauce soja et le vinaigre. Poursuivez la cuisson 3 minutes, puis remettez la viande et le gingembre. Faites réchauffer le tout 1 minute.

4 Parsemez de coriandre ciselée et servez bien chaud accompagné de nouilles chinoises ou de riz thaï.

Pour une note encore plus exotique, ajoutez après les poivrons des mini-épis de maïs coupés en deux dans le sens de la longueur.

Moulin à Vent à 14 °C

Bœuf braisé aux carottes

Préparation : 20 min - Cuisson : 4 h
Difficulté : très facile - Budget : abordable

❄ Se congèle facilement

1 Faites chauffer le beurre dans une cocotte et faites-y revenir le lard coupé en petits dés. Ajoutez la viande et le bouquet garni. Salez et poivrez. Mouillez avec le bouilllon de manière à ce que la viande soit recouverte aux deux tiers. Faites cuire 2 heures.

2 Épluchez les oignons et les carottes. Rincez les carottes et coupez-les en rondelles. Ajoutez les carottes et les oignons dans la cocotte. Couvrez et laissez cuire 2 heures supplémentaires.

3 Retirez le bouquet garni, dégraissez et servez aussitôt accompagné de tagliatelles ou de pommes de terre vapeur.

Pour une recette façon bœuf bourguignon, remplacez le bouillon de bœuf par 50 cl de vin rouge. Et si vous souhaitez gagner du temps, coupez la viande en morceaux, cela vous permettra de réduire le temps de cuisson d'une heure avant et après l'ajout des légumes.

Fronton rouge à 15 °C

Ingrédients pour 6 personnes

- 1 kg de bœuf (tranche, culotte)
- 500 g de carottes
- 200 g de lard
- 5 oignons
- 50 cl de bouillon de bœuf
- 1 bouquet garni
- 1 noix de beurre
- Sel, poivre

Chili con carne

Préparation : 25 min - Cuisson : 40 min - Repos : 6 h
Difficulté : très facile - Budget : pas cher

Se congèle facilement

Ingrédients pour 6 personnes

- 350 g de haricots rouges
- 1,2 kg de viande de bœuf hachée
- 4 tomates
- 3 oignons
- 3 gousses d'ail
- 3 branches de thym
- 2 feuilles de laurier
- 50 g de farine
- 1 boîte de concentré de tomates
- 1 cuill. à soupe de sauce chili
- 1 cube de bouillon de bœuf
- 1 morceau de sucre
- Huile d'arachide
- Sel

1 Faites tremper les haricots rouges pendant 6 à 8 heures dans de l'eau froide. Épluchez les oignons et hachez-les. Pelez l'ail et écrasez-le. Plongez les tomates 10 secondes dans de l'eau bouillante. Retirez-les à l'aide d'une écumoire et laissez-les refroidir. Pelez-les, épépinez-les et concassez-les grossièrement. Effeuillez le thym.

2 Rincez les haricots rouges et égouttez-les.

3 Faites chauffer de l'huile dans une grande cocotte et faites-y revenir les oignons à feu vif. Ajoutez le bœuf haché, l'ail écrasé, puis saupoudrez de farine. Mélangez bien, puis ajoutez les tomates, les haricots rouges, le bouillon dilué dans un grand verre d'eau chaude, le concentré de tomates, le thym, les feuilles de laurier, le sucre et la sauce chili. Attendez la reprise de l'ébullition. Baissez le feu, couvrez et faites cuire 30 à 40 minutes selon que vous préférez les haricots fermes ou tendres.

4 Servez très chaud.

Présentez le chili avec du guacamole, des dés de tomates, des oignons émincés, de la crème fraîche et du Tabasco.

Coteaux varois en Provence rosé à 9 °C

Coq au vin

Préparation : 45 min - Cuisson : 3 h 10
Difficulté : facile - Budget : cher

Se congèle facilement

1 Faites découper le coq par votre boucher.

2 Épluchez les échalotes, la carotte et l'ail. Hachez finement les échalotes et coupez la carotte en tronçons. Ficelez le bouquet garni. Coupez la poitrine en petits lardons. Salez et poivrez les morceaux de coq.

3 Faites dorer les morceaux de coq sur toutes les faces dans une grande cocotte avec un peu d'huile. Retirez-les et faites dorer les échalotes et les lardons. Replacez les morceaux de coq dans la cocotte, saupoudrez de farine, laissez roussir, puis ajoutez le vin. Incorporez la carotte, le bouquet garni et l'ail écrasé. Rectifiez l'assaisonnement et baissez le feu. Couvrez et faites cuire 2 heures et demie.

4 Pressez le jus du citron. Nettoyez, puis citronnez les champignons. Coupez-les en grosses lamelles et faites-les revenir dans une poêle avec une noix de beurre. Ajoutez-les dans la cocotte et poursuivez la cuisson 15 minutes. Retirez le bouquet garni.

5 Épluchez les oignons nouveaux et faites-les revenir à feu doux dans une noix de beurre jusqu'à ce qu'ils soient légèrement dorés. Ajoutez un peu d'eau et poursuivez la cuisson.

6 Servez le coq avec les légumes et accompagnez-le de pommes de terre vapeur.

N'hésitez pas à préparer le coq au vin la veille. Comme tous les plats mijotés, c'est encore meilleur réchauffé le lendemain.

Médoc à 14 °C

Ingrédients pour 6 personnes

- 1 coq de 3,5 kg
- 200 g de poitrine salée
- 250 g de champignons de Paris
- 75 cl de vin rouge
- 20 petits oignons nouveaux
- 4 échalotes
- 4 gousses d'ail
- 1 carotte
- ½ citron
- 1 bouquet garni (thym, laurier, persil)
- 2 cuill. à soupe de farine
- Beurre
- Huile d'arachide
- Sel, poivre

Ingrédients pour 6 personnes

- 1,2 kg de queue de lotte
- 20 cl de vin blanc sec
- 6 tomates
- 3 carottes
- 3 oignons
- 3 gousses d'ail
- 2 branches de romarin
- 1 pincée de piment d'Espelette
- Huile d'olive
- Sel, poivre

Mijoté de lotte

Préparation : 25 min - Cuisson : 45 min
Difficulté : très facile - Budget : cher

Chic

1 Épluchez l'ail, les oignons et les carottes. Écrasez l'ail. Coupez les oignons en lamelles et les carottes en petits dés. Plongez les tomates dans une casserole d'eau bouillante pendant quelques secondes. Pelez-les, épépinez-les et concassez-les grossièrement.

2 Faites chauffer de l'huile d'olive dans une cocotte. Faites-y revenir à feu doux l'ail et les oignons pendant 5 minutes. Ajoutez les tomates, les dés de carottes et les branches de romarin. Salez, poivrez et parfumez de piment d'Espelette. Versez le vin blanc, couvrez et faites cuire 30 minutes.

3 Coupez la lotte en morceaux et ajoutez-les dans la cocotte en les enrobant bien de sauce. Laissez mijoter 10 minutes.

4 Servez sans attendre accompagné de riz sauvage.

Vous pouvez remplacer le riz par de la polenta. Pour une recette exotique, ajoutez des câpres et des olives à la sauce, et pour une recette classique, ajoutez des lardons et des champignons.

Alsace-Sylvaner à 9 °C

Pot-au-feu

Préparation : 45 min - Cuisson : 4 h
Difficulté : facile - Budget : abordable

☺ Convivial

1 Préparez le bouillon : épluchez la carotte et coupez-la en tronçons. Piquez un des oignons du clou de girofle. Conservez les gousses d'ail entières. Rincez les éléments du bouquet garni et ficelez-les. Ficelez les morceaux de viande et enveloppez l'os à moelle dans une mousseline.

2 Dans une grande marmite, déposez les viandes et recouvrez-les de 3 l d'eau froide. Salez au gros sel et poivrez. Démarrez la cuisson à feu doux. Écumez régulièrement. Ajoutez la carotte, l'oignon piqué, les gousses d'ail et le bouquet garni. Goûtez et rectifiez l'assaisonnement, puis baissez le feu. Couvrez et faites cuire 4 heures.

3 Pendant ce temps, nettoyez les légumes et coupez-les en gros morceaux.

4 Au bout de 3 heures de cuisson, retirez le bouquet garni et l'oignon. Ajoutez les légumes, en incorporant les pommes de terre 15 minutes après les autres légumes, et faites cuire 45 minutes.

5 Présentez la viande entourée des légumes et arrosée de bouillon en réservant le reste du bouillon à part. Servez le pot-au-feu avec des cornichons, du gros sel, des petits oignons blancs et de la moutarde.

Préparez le pot-au-feu la veille, il est meilleur réchauffé. Et utilisez les restes de viande pour réaliser un hachis Parmentier ou des tomates farcies qui seront ainsi parfumés d'un délicieux goût d'antan.

Bordeaux supérieur rouge à 15° C

Ingrédients pour 6 personnes

- 1,5 kg de viande de bœuf (gîte, plat de côtes, jumeau, queue de bœuf)
- 1 os à moelle

Pour le bouillon :

- 1 grosse carotte
- 2 oignons
- 2 gousses d'ail
- 1 clou de girofle
- 1 bouquet garni (thym, laurier, persil, céleri branche)
- 1 cuill. à café de poivre en grains
- Gros sel

Pour les légumes :

- 6 carottes
- 6 navets moyens
- 6 poireaux
- 6 pommes de terre moyennes
- 2 bulbes de fenouil
- 1 branche de céleri
- Sel, poivre

Ragoût de légumes au bacon

Préparation : 25 min - Cuisson : 1 h 10
Difficulté : très facile - Budget : pas cher

Peut se faire la veille

1 Épluchez les légumes et coupez-les en morceaux. Épluchez l'ail et les oignons. Rincez les éléments du bouquet garni et ficelez-le.

2 Plongez les légumes, l'ail, les oignons et le bouquet garni dans une marmite d'eau froide. Salez et poivrez. Portez à ébullition, puis baissez le feu et faites cuire 1 heure.

3 Lavez, séchez et ciselez les herbes. Retirez le bouquet garni de la marmite. Dans une poêle, faites revenir les tranches de bacon à blanc. Égouttez-les et dégraissez-les. Disposez-les dans des assiettes creuses et versez la moitié du bouillon avec les légumes par-dessus.

4 Parsemez d'herbes ciselées et servez aussitôt.

Réalisez une plus grande quantité de ragoût et mixez le reste avec deux tranches de bacon, cela fera un délicieux potage pour le lendemain.

Côtes du Lubéron rouge à 15 °C

Ingrédients pour 6 personnes

- 18 tranches de bacon
- 3 poireaux
- 3 carottes
- 3 navets
- 3 branches de céleri
- 3 oignons
- 2 gousses d'ail
- 1 bouquet garni
- Herbes fraîches (thym, romarin, basilic…)
- Sel, poivre

Ragoût de thon à la tomate

Préparation : 25 min - Cuisson : 35 min
Difficulté : très facile - Budget : abordable

☺ Convivial

1 Coupez le thon en gros cubes. Faites fondre le beurre dans une cocotte et faites-y dorer le thon.

2 Épluchez l'ail et les échalotes, et émincez-les. Ajoutez-les dans la cocotte. Ajoutez le concentré de tomates. Rincez et coupez les tomates en cubes. Incorporez-les dans la cocotte et mouillez avec le vin blanc. Salez et poivrez. Couvrez et laissez cuire 30 minutes.

3 Rincez et ciselez la ciboulette et le persil. Servez en parsemant d'herbes hachées.

Pour une association terre et mer, ajoutez des lardons en même temps que l'ail et les échalotes, et servez le ragoût de thon avec des pommes de terre grenailles à la fleur de sel.

Pouilly Fumé à 9 °C

Ingrédients pour 6 personnes

- 800 g de thon frais
- 400 g de tomates
- 1 petite boîte de concentré de tomates
- 20 cl de vin blanc sec
- 8 échalotes
- 2 gousses d'ail
- 6 branches de persil
- 6 tiges de ciboulette
- 1 noix de beurre
- Sel, poivre

Ratatouille

Préparation : 35 min - Cuisson : 1 h 30
Difficulté : très facile - Budget : pas cher

Peut se faire la veille

Ingrédients pour 6 personnes

- 3 aubergines
- 6 tomates
- 5 courgettes
- 2 poivrons rouges
- 4 oignons
- 2 gousses d'ail
- 3 branches de thym
- 2 feuilles de laurier
- Huile d'olive
- Sel, poivre

1 Épluchez et émincez les oignons. Pelez l'ail et écrasez-le. Lavez tous les légumes. Coupez les courgettes et les aubergines en dés, sans les peler. Épépinez les poivrons et coupez-les en lamelles. Plongez quatre tomates dans de l'eau bouillante, pelez-les, épépinez-les, puis concassez-les. Coupez les deux tomates restantes en quartiers et épépinez-les.

2 Dans une grande cocotte, faites rissoler les oignons dans un peu d'huile d'olive à feu moyen pendant 15 minutes. Ajoutez les tomates concassées, l'ail et les herbes. Salez et poivrez.

3 Faites cuire séparément dans un peu d'huile d'olive les aubergines pendant 15 minutes, les courgettes pendant 20 minutes et enfin les poivrons pendant 15 minutes. Égouttez bien les légumes, puis incorporez-les dans la grande cocotte contenant les oignons. Ajoutez les tomates en quartiers. Salez, poivrez, couvrez et faites mijoter à feu très doux en remuant de temps en temps.

4 Servez la ratatouille chaude ou froide, avec une viande ou un poisson.

Dans la vraie ratatouille niçoise, les légumes cuisent séparément. Si vous voulez gagner du temps, vous pouvez faire mijoter tous les légumes en même temps après avoir fait rissoler les oignons. C'est plus facile et plus rapide, mais moins savoureux.

Les Baux de Provence rosé à 7 °C

Couscous d'agneau aux fruits secs

Préparation : 30 min - Cuisson : 3 h 30
Difficulté : facile - Budget : cher

Exotique

1 Pelez l'oignon et hachez-le finement. Faites chauffer de l'huile d'olive dans une cocotte et faites-y blondir l'oignon. Ajoutez les souris d'agneau et faites-les dorer. Ajoutez le miel et les épices, ainsi que les gousses d'ail non pelées. Salez et poivrez. Enrobez la viande de sauce afin qu'elle soit bien caramélisée.

2 Préchauffez le four th 6-7 (200 °C). Mouillez avec 50 cl de bouillon, couvrez et portez à frémissements. Enfournez la cocotte couverte et faites cuire 30 minutes.

3 Réduisez la température du four et poursuivez la cuisson 2 heures 30 à 3 heures selon la taille des souris d'agneau.

4 Préparez la semoule : faites gonfler les raisins secs dans un bol d'eau chaude. Dans une poêle, faites griller les amandes à sec. Égouttez les pois chiches et rincez-les. Faites chauffer le reste du bouillon. Versez la semoule dans un saladier et ajoutez le bouillon et le beurre. Couvrez, puis égrainez délicatement à l'aide d'une fourchette, jusqu'à ce que le liquide soit entièrement absorbé. Incorporez les amandes grillées, les pois chiches, les raisins et les abricots. Mélangez bien.

5 Parsemez de coriandre et servez les souris d'agneau accompagnées du couscous de fruits secs.

Vous pouvez préparer la viande la veille. Filtrez le jus et réservez la viande et le jus séparément. Le jour même, enduisez les souris de miel et faites-les caraméliser dans la cocotte. Réchauffez le jus à part, puis versez-le dans la cocotte juste avant de servir.

Costières de Nîmes rouge à 16 °C

Ingrédients pour 6 personnes

- 6 souris d'agneau
- 600 g de semoule de couscous
- 50 g de raisins secs
- 50 g d'abricots secs
- 50 g d'amandes effilées
- 40 g de beurre
- 1 l de bouillon de volaille
- 1 petite boîte de pois chiches
- 1 oignon
- 4 gousses d'ail
- 2 cuill. à soupe de miel
- 2 cuill. à café de cumin en poudre
- 3 cuill. à soupe de ras el hanout
- 1 dose de safran
- Quelques tiges de coriandre
- Huile d'olive
- Sel, poivre

Ingrédients pour 6 personnes

- 1,2 kg d'épaule d'agneau découpée avec les os
- 20 pruneaux
- 130 g d'amandes émondées
- 2 gros oignons
- 2 gousses d'ail
- ½ bouquet de coriandre
- ½ bouquet de persil plat
- 4 cuill. à soupe de graines de sésame
- 1 cuill. à soupe de sucre en poudre
- 2 cuill. à café de gingembre en poudre
- 2 cuill. à café de curcuma
- 1 dose de safran en poudre
- 1 pincée de noix de muscade râpée
- 1 pincée de cannelle
- Huile d'olive
- Huile d'arachide
- Sel, poivre

Tajine d'agneau aux pruneaux

Préparation : 35 min - Cuisson : 1 h 45
Difficulté : facile - Budget : cher

☺ Convivial

1 Épluchez et émincez les oignons. Pelez l'ail. Mettez le gingembre, le curcuma, le safran, la noix de muscade et l'ail, écrasé, dans un bol. Versez-y 30 cl d'eau et mélangez. Rincez, séchez et ciselez la coriandre et le persil.

2 Faites chauffer de l'huile d'olive dans une cocotte et faites-y revenir les oignons à feu moyen, jusqu'à ce qu'ils deviennent translucides. Salez légèrement. Ajoutez la viande et faites-la revenir 5 minutes. Incorporez le contenu du bol et la moitié des herbes, et poivrez. Portez à ébullition, couvrez et faites cuire à feu doux pendant 1 heure 30.

3 Faites bouillir un petit verre d'eau dans une casserole avec le sucre et la cannelle. Plongez-y les pruneaux. Baissez le feu et attendez l'évaporation du liquide. 15 minutes avant la fin de la cuisson, incorporez les pruneaux dans la cocotte.

4 Faites chauffer de l'huile d'arachide dans une poêle et faites-y dorer les amandes à feu moyen. Égouttez-les et réservez-les sur du papier absorbant.

5 Disposez le tajine dans un plat creux. Décorez d'amandes et du reste d'herbes. Faites dorer les graines de sésame à sec dans une poêle et parsemez-en le tajine. Servez aussitôt.

Vous pouvez remplacer l'agneau par des morceaux de lapin, la cuisson sera plus courte.

Lirac rosé à 10 °C

Tajine de légumes

Préparation : 30 min - Cuisson : 45 min
Difficulté : facile - Budget : abordable

☺ Convivial

1 Faites cuire les petits pois dans de l'eau bouillante pendant 10 minutes environ. Égouttez-les. Rincez les tomates et coupez-les en quatre. Épluchez les carottes, les courgettes et les pommes de terre. Rincez-les et coupez-les en rondelles. Épluchez les oignons et l'ail, et émincez-les.

2 Préchauffez le four th 5-6 (160 °C). Faites revenir dans un plat à tajine, ou dans une cocotte allant au four, les oignons et l'ail dans trois cuillères à soupe d'huile d'huile. Salez et poivrez. Ajoutez le gingembre, le cumin, le safran, la cannelle, le miel et le ras el hanout. Mouillez avec le bouillon de légumes et mélangez bien.

3 Ajoutez les pommes de terre, les tomates, les carottes et les courgettes dans le plat à tagine. Couvrez et enfournez.

4 Au bout de 30 minutes de cuisson, ajoutez les petits pois et poursuivez la cuisson 3 minutes supplémentaires.

5 Lavez, séchez et ciselez la coriandre. Parsemez le tajine de coriandre hachée et servez très chaud, accompagné de semoule de couscous et d'un bol de pois chiches.

Pour un plat plus consistant, ajoutez quelques morceaux d'agneau avant d'incorporer les épices. Faites gonfler des raisins secs dans un bol d'eau chaude et ajoutez-les à la semoule.

Cahors rouge à 15 °C

Ingrédients pour 6 personnes

- 600 g de petits pois
- 7 pommes de terre
- 5 tomates
- 5 carottes
- 3 courgettes
- 2 oignons
- 2 gousses d'ail
- 15 cl de bouillon de légumes
- 2 cuill. à café de gingembre
- 2 pincées de safran
- 1 cuill. à café de cumin
- 2 cuill. à soupe de miel
- 1 cuill. à café bombée de ras el hanout
- 1 bâton de cannelle
- 1 bouquet de coriandre
- Huile
- Sel, poivre

Curry d'agneau épicé

Préparation : 30 min - Cuisson : 1 h 40
Difficulté : très facile - Budget : cher

Peut se faire la veille

Ingrédients pour 6 personnes

- 1,2 kg d'épaule d'agneau désossée
- 120 g de beurre
- 30 cl de lait de coco
- 3 tomates
- 3 clous de girofle
- 2 gousses d'ail
- 2 oignons
- 1 yaourt nature
- 3 cuill. à soupe de pâte de curry
- 1 bouquet de coriandre
- Sel

1 Dégraissez la viande et coupez-la en dés. Épluchez l'ail et dégermez-le. Épluchez les oignons et émincez-les. Plongez les tomates 10 secondes dans de l'eau bouillante et pelez-les. Épépinez-les et concassez-les. Rincez, séchez et ciselez la coriandre.

2 Faites fondre très doucement le beurre dans une grande cocotte, sans le faire roussir. Faites-y revenir à feu vif les oignons avec du sel et les clous de girofle. Lorsque les oignons commencent à blondir, ajoutez l'ail et la pâte de curry, puis la viande.

3 Ajoutez enfin le yaourt et poursuivez la cuisson afin de faire sécher la préparation. Ajoutez le lait de coco et les tomates. Salez, couvrez et laissez cuire à feu doux. Si au bout de 1 heure et demie vous constatez que la sauce est trop liquide, poursuivez la cuisson à découvert. Retirez la viande à l'aide d'une écumoire et faites réduire la sauce.

4 Servez le curry d'agneau parsemé de coriandre ciselée, accompagné de riz basmati, et si vous le souhaitez, d'une sauce à la menthe, ainsi que d'une mangue fraîche épluchée et coupée en lamelles.

Pour un curry encore plus exotique, ajoutez en fin de cuisson des pommes, des bananes ou des ananas coupés en morceaux. Si vous ne trouvez pas pâte de curry, remplacez-la selon votre goût par cinq ou six cuillères à soupe de curry en poudre.

Corbières rouge à 17 °C

Risotto aux champignons

Préparation : 30 min - Cuisson : 45 min
Difficulté : facile - Budget : abordable

Chic

1 Nettoyez soigneusement les champignons et coupez-les. Épluchez et émincez l'oignon. Épluchez et écrasez l'ail. Ciselez le romarin. Faites cuire les petits pois dans de l'eau bouillante selon les indications du paquet et égouttez-les.

2 Faites fondre une noix de beurre dans une grande casserole et faites-y revenir à feu doux l'oignon, l'ail et le romarin. Ajoutez les champignons et mélangez délicatement. Laissez mijoter jusqu'à ce que les champignons soient tendres, puis ajoutez les petits pois.

3 Mouillez alors avec le vin blanc et mélangez. Attendez que le vin blanc s'évapore et versez le riz. Salez et poivrez. Lorsque le riz commence à crépiter, versez le bouillon de légumes, louche après louche, sans cesser de mélanger et en veillant à ce que le liquide soit absorbé avant d'en rajouter. Procédez ainsi jusqu'à ce que le riz soit cuit tout en restant ferme.

4 Retirez la casserole du feu et parsemez de parmesan et de noisettes de beurre. Laissez reposer à couvert pendant 3 minutes, mélangez, puis dressez le risotto sur un plat chaud. Servez avec un bol de parmesan râpé.

N'hésitez pas à utiliser des champignons séchés. Faites-les gonfler dans de l'eau tiède et utilisez l'eau à la place d'une partie du bouillon, elle parfumera agréablement votre risotto.

Côte de Brouilly à 13 °C

Ingrédients pour 6 personnes

- 400 g de riz spécial risotto
- 300 g de petits pois surgelés extra-fins
- 250 g de champignons (cèpes, girolles,...)
- 1,5 l de bouillon de légumes
- 30 cl de vin blanc sec
- 1 oignon
- 1 gousse d'ail
- 1 branche de romarin
- Parmesan râpé
- Beurre
- Sel, poivre

Gratin de penne au chèvre

Préparation : 15 min - Cuisson : 25 min
Difficulté : très facile - Budget : pas cher

Ingrédients pour 6 personnes

- 600 g de pâtes de type penne
- 4 crottins de chèvre
- 25 cl de crème fraîche
- 1 oignon
- 1 gousse d'ail
- 1 jaune d'œuf
- Huile d'arachide
- 1 noix de beurre
- Sel, poivre

Pour les débutants

1 Faites cuire les pâtes dans de l'eau bouillante salée avec un peu d'huile selon les indications du paquet. Égouttez-les et versez-les dans une terrine.

2 Épluchez l'ail et l'oignon. Hachez-les et faites-les revenir dans le beurre. Incorporez-les aux pâtes.

3 Préchauffez le four th 7 (210 °C). Coupez les crottins de chèvre en lamelles. Mettez-en la moitié dans les pâtes et réservez le reste.

4 Dans un bol, mélangez le jaune d'œuf et la crème, puis versez sur les pâtes et mélangez de nouveau.

5 Versez les pâtes dans un plat à gratin, recouvrez avec le reste des crottins de chèvre et faites gratiner pendant 10 minutes. Servez très chaud.

Remplacez l'œuf et la crème fraîche par des légumes d'été : faites griller au four une courgette, une aubergine, un demi-poivron jaune et un demi-poivron rouge, deux échalotes et deux gousses d'ail avec trois cuillères à soupe d'huile d'olive. Mélangez aux pâtes et au chèvre juste avant de servir.

St Nicolas de Bourgueil rouge à 13 °C

Penne aux trois fromages

Préparation : 15 min - Cuisson : 15 min
Difficulté : très facile - Budget : pas cher

Rapide

1 Râpez les fromages dans un plat. Incorporez la crème fraîche et mélangez. Mettez le plat sur un chauffe-plat et laissez fondre doucement les fromages en les écrasant avec une fourchette.

2 Faites cuire les pâtes dans de l'eau bouillante salée, avec un peu d'huile, selon les indications du paquet. Lorsqu'elles sont cuites, égouttez-les et versez-les dans le plat en mélangeant énergiquement avec la sauce. Poivrez et servez aussitôt.

Vous pouvez aussi ajouter 50 g de gorgonzola coupé en petits morceaux.

Patrimonio blanc à 9 °C

Ingrédients pour 6 personnes

- 800 g de pâtes de type penne vertes
- 150 g de parmesan
- 150 g de comté
- 150 g d'appenzell
- 3 cuill. à soupe de crème fraîche
- Huile d'arachide
- Sel, poivre

Rigatonis aux petits pois

Préparation : 20 min - Cuisson : 25 min
Difficulté : facile - Budget : pas cher

☺ Convivial

1 Coupez la pancetta en petits morceaux et faites-les revenir à sec dans une poêle. Égouttez-les, séchez-les dans du papier absorbant et réservez-les. Faites cuire les petits pois dans de l'eau bouillante salée selon les indications du paquet, puis égouttez-les et réservez-les.

2 Faites cuire les pâtes dans de l'eau bouillante salée selon les indications du paquet. Mélangez dans un plat les jaunes d'œufs, le parmesan, le beurre, l'huile d'olive et la crème fraîche. Poivrez et versez doucement une demi-louche de l'eau de cuisson des pâtes. Mélangez bien jusqu'à obtention d'une crème.

3 Lorsque les pâtes sont cuites, égouttez-les et versez-les petit à petit dans le plat en les mélangeant à la sauce. Ajoutez les morceaux de pancetta et les petits pois. Mélangez bien, en rajoutant un peu d'eau de cuisson des pâtes ou un peu de crème fraîche si besoin. Poivrez.

4 Parsemez de persil haché et servez aussitôt

Vous pouvez remplacer la pancetta par des lardons grillés et comme en Italie, faites revenir les pâtes et la sauce quelques instants dans une poêle à feu vif. Ajoutez la pancetta et les petits pois au dernier moment.

Bordeaux clairet à 9 °C

Ingrédients pour 6 personnes

- 500 g de pâtes de type rigatonis
- 250 g de petits pois surgelés
- 150 g de pancetta
- 100 g de parmesan
- 3 jaunes d'œufs
- 1 cuill. à soupe de crème fraîche épaisse
- 1 cuill. à soupe d'huile d'olive
- 1 cuill. à soupe de persil haché
- 1 noix de beurre
- Sel, poivre

Spaghettis à la bolognaise express

Préparation : 20 min - Cuisson : 55 min
Difficulté : très facile - Budget : pas cher

❄ Se congèle facilement

1 Épluchez les gousses d'ail et les oignons. Émincez-les et faites-les revenir dans de l'huile jusqu'à ce qu'ils blondissent. Ajoutez les tomates pelées, le concentré de tomates et le bouillon de légumes. Remuez. Ajoutez le sucre en poudre, puis salez et poivrez.

2 Faites chauffer un peu d'huile dans une poêle et faites-y revenir la viande hachée à feu doux, en remuant et sans la faire griller. Incorporez la viande à la sauce tomate et laissez mijoter 30 minutes à feu doux.

3 Faites cuire les pâtes dans de l'eau bouillante salée selon les indications du paquet. Lavez, séchez et ciselez le basilic. Égouttez-les et versez-les dans un plat. Versez par-dessus la sauce bolognaise bien chaude, parsemez de basilic et accompagnez de parmesan râpé.

Pour une véritable bolognaise, hachez trois carottes, un morceau de céleri et 200 g de champignons de Paris. Faites-les revenir dans deux oignons et deux gousses d'ail hachés, puis ajoutez la viande. Cette sauce se congèle très bien, n'hésitez pas à en préparer à l'avance.

Bergerac rouge à 16 °C

Ingrédients pour 6 personnes

- 500 g de spaghettis
- 500 g de viande de bœuf hachée
- 1 grande boîte de tomates pelées
- 1 petite boîte de concentré de tomates
- 20 cl de bouillon de légumes
- 2 oignons
- 2 gousses d'ail
- 1 petit bouquet de basilic
- 1 cuill. à soupe de sucre en poudre
- Parmesan râpé
- Huile d'arachide
- Sel, poivre

Ingrédients pour 6 personnes

- 500 g de lasagnes
- 4 courgettes
- 2 aubergines
- 1 poivron vert
- 150 g de gruyère râpé
- 1 grosse boîte de tomates pelées
- 6 cuill. à soupe d'huile d'olive
- 3 tiges de basilic
- Sel, poivre

Pour la béchamel :

- ¼ l de lait
- 60 g de beurre
- 2 cuill. à soupe de farine
- 1 pincée de noix de muscade râpée
- Sel

Lasagnes aux légumes

Préparation : 30 min - Cuisson : 50 min
Difficulté : facile - Budget : pas cher

Pas cher

1 Coupez les aubergines et les courgettes en petits dés, le poivron en fines lamelles. Ciselez le basilic.

2 Faites revenir le poivron et les aubergines 3 minutes à feu vif dans l'huile. Ajoutez les courgettes, les tomates pelées avec leur jus et le basilic. Salez, poivrez et mélangez bien. Couvrez et faites cuire 15 minutes à feu vif en mélangeant de temps en temps.

3 Préparez la béchamel : diluez la farine dans 10 cl de lait et mélangez au fouet pour éviter les grumeaux. Ajoutez le beurre et faites chauffer à feu très doux en remuant sans cesse, puis versez le reste de lait petit à petit. Salez et incorporez la noix de muscade. Laissez épaissir pendant une dizaine de minutes, en remuant sans cesse pour que la béchamel n'accroche pas.

4 Plongez les lasagnes 8 minutes dans de l'eau bouillante salée. Égouttez-les et séchez-les dans un torchon.

5 Préchauffez le four en position gril. Huilez le fond d'un plat rectangulaire allant au four. Disposez une couche de lasagnes dans le fond. Recouvrez-la d'une couche de légumes, puis d'une couche de béchamel et ainsi de suite jusqu'en haut du plat. Recouvrez de fromage râpé et faites gratiner 15 minutes. Servez dès la sortie du four avec une salade verte.

Pour des lasagnes bolognaises, remplacez les légumes par 500 g de viande hachée revenue avec un oignon émincé, et 500 g de tomates pelées, une pincée d'origan, du sel et du poivre.

Chiroubles à 9 °C

Lasagnes de légumes grillés

Préparation : 30 min - Cuisson : 5 min - Réfrigération : 4 h
Difficulté : difficile - Budget : pas cher

Peut se faire la veille

1 Enlevez les pépins des poivrons et coupez-les en lanières sur toute la longueur. Coupez les courgettes en deux. Enlevez les pépins et coupez-les en lanières de 2 cm sur toute la longueur. Badigeonnez la peau des légumes à l'aide d'un pinceau trempé dans l'huile.

2 Allumez le four en position gril. Déposez les légumes sur la plaque du four côté peau vers le haut et faites-les griller 5 minutes en mettant la plaque très haut dans le four. Séchez-les et laissez-les refroidir sur du papier absorbant.

3 Faites ramollir les feuilles de gélatine dans de l'eau froide, puis égouttez-les. Faites chauffer doucement la crème fraîche, puis ajoutez les feuilles de gélatine égouttées en fouettant bien. Ciselez les herbes.

4 Mélangez la faisselle, la feta coupée en petits morceaux, la menthe, la ciboulette et la crème. Salez et poivrez.

5 Huilez une terrine. Tapissez le fond de courgettes, puis d'une couche de poivrons rouges. Recouvrez d'une couche de crème au fromage, puis d'une couche de bandes de poivrons jaunes, d'une couche de fromage, puis de poivrons rouges. Recouvrez d'une nouvelle couche de fromage et terminez par les courgettes. Mettez au frais pendant 4 heures minimum. Démoulez sur un plat et coupez en tranches.

N'hésitez pas à préparer la terrine la veille, elle sera plus compacte. Pour la démouler facilement, utilisez un moule à parois amovibles, ou chemisez le moule de film alimentaire en laissant dépasser les bords de 10 cm. Ils vous aideront lors du démoulage.

Coteaux d'Aix-en-Provence rosé à 7 °C

Ingrédients pour 6 personnes

- 200 g de feta
- 200 g de fromage de chèvre en faisselle
- 2 courgettes
- 2 poivrons rouges
- 2 poivrons jaunes
- 20 cl de crème fraîche liquide
- 5 feuilles de gélatine
- ½ bouquet de menthe
- ½ bouquet de ciboulette
- Huile
- Sel, poivre

Chic

Convivial

Exotique

Pas cher

Les desserts

Peut se faire la veille

Pour les débutants

Rapide

Se congèle facilement

Ingrédients pour 6 personnes

- 500 g de farine
- 150 g de sucre en poudre
- 15 cl de lait
- 2 sachets de sucre vanillé
- 1 sachet de levure chimique
- 2 œufs
- 1 pincée de sel
- Huile de friture
- Beurre

Donuts

Préparation : 20 min - Cuisson : 10 min - Réfrigération : 2 h
Difficulté : facile - Budget : pas cher

☺ Convivial

1 Dans un saladier, battez les œufs, puis versez le sucre en poudre, le sucre vanillé et le beurre fondu. Mélangez bien, ajoutez le lait et mélangez jusqu'à obtention d'une pâte lisse.

2 Ajoutez la farine, la levure et le sel, et travaillez bien la pâte. Mettez-la au réfrigérateur pendant 2 heures.

3 Faites chauffer l'huile de friture. Farinez le plan de travail, saupoudrez la pâte de farine, puis étalez-la au rouleau sur une épaisseur de 8 à 10 mm.

4 Découpez les donuts à l'aide d'un bol ou d'un emporte-pièce, et creusez un trou au centre avec un emporte-pièce plus petit.

5 Plongez les beignets par deux ou trois dans l'huile très chaude pendant 1 minute environ et retournez-les pour qu'ils dorent de l'autre côté. Retirez-les de la friteuse avec une écumoire et posez-les sur du papier absorbant. Recommencez jusqu'à épuisement de la pâte. Saupoudrez les donuts de sucre glace et servez-les chauds ou froids.

Vous pouvez parfumer la pâte avec une pincée de cannelle et de noix de muscade. Vous pouvez aussi farcir les donuts avec de la confiture de fraises ou d'abricots.

Côtes de Bergerac blanc à 7 °C

Gaufres

Préparation : 15 min - Cuisson : 20 min - Repos : 1 h
Difficulté : facile - Budget : pas cher

☺ Convivial

1 Faites fondre le beurre, puis laissez-le refroidir. Dans un saladier, mélangez la farine, la levure, le sucre en poudre, le sucre vanillé et le sel. Ajoutez le lait, le beurre fondu et les œufs. Remuez jusqu'à ce que le mélange soit bien lisse. Laissez reposer la pâte 1 heure à température ambiante.

2 Faites chauffer le gaufrier. Badigeonnez les plaques de beurre fondu. Versez une petite louche de pâte sur la plaque. Fermez le gaufrier et faites cuire 4 minutes environ. Réservez les gaufres au chaud au four th 3 (90 °C) jusqu'au moment de servir.

3 Avant de servir, saupoudrez les gaufres de sucre glace et dégustez-les sans attendre.

Accompagnez les gaufres de crème chantilly et d'une compote de fruits que vous aurez préalablement réchauffée à feu doux.

Crémant de Loire blanc à 9 °C

Ingrédients pour 15 gaufres

- 300 g de farine
- 100 g de beurre
- 70 g de sucre en poudre
- ½ l de lait entier
- 3 œufs
- 1 sachet de levure chimique
- 1 sachet de sucre vanillé
- 1 pincée de sel
- Sucre glace

Brioche

Préparation : 30 min - Cuisson : 30 min - Repos : 6 h
Difficulté : facile - Budget : pas cher

Peut se faire la veille

Ingrédients pour 2 brioches (6 personnes)

- 300 g de farine
- 150 g de beurre
- 30 g de sucre en poudre
- 20 g de levure de boulanger fraîche
- 15 cl de lait entier
- 3 œufs
- 1 jaune d'œuf
- 1 pincée de sel
- 1 noix de beurre pour les moules

1 Sortez le beurre du réfrigérateur afin qu'il ramollisse. Délayez la levure dans la moitié du lait préalablement tiédi, puis ajoutez 75 g de farine. Façonnez une boule et plongez-la dans un saladier d'eau tiède pour la faire gonfler.

2 Pendant ce temps, mélangez le reste de la farine tamisée, le sucre et le sel. Ajoutez le reste de lait et les œufs entiers. Travaillez bien la pâte, puis incorporez la boule de levain. Pétrissez la pâte en ajoutant le beurre fondu petit à petit. Mettez la pâte dans un saladier, recouvrez-la d'un torchon humide et faites-la lever la pâte pendant au moins 4 heures (la pâte doit doubler de volume).

3 Préchauffez le four th 7 (210 °C). Faites échapper les bulles d'air en enfonçant le poing dans la pâte et constituez deux brioches. Mettez-les dans des moules beurrés et farinés, et laissez-les gonfler 2 heures supplémentaires.

4 Délayez le jaune d'œuf avec une ou deux cuillères à soupe d'eau ou de lait. Badigeonnez la surface des brioches de ce mélange à l'aide d'un pinceau.

5 Enfournez 30 minutes, puis laissez refroidir. Dégustez les brioches avec de la confiture.

N'hésitez pas à préparer la pâte la veille et à la laisser gonfler toute la nuit. Et parfumez votre brioche de pépites de chocolat ou de raisins secs trempés dans de l'eau bouillante ou dans un alcool.

Crémant d'Alsace à 7 °C

Crèmes épicées au chocolat

Préparation : 20 min - Cuisson : 1 h - Réfrigération : 2 h
Difficulté : facile - Budget : pas cher

Exotique

1 Fendez la gousse de vanille en deux et prélevez les graines. Versez le lait et la crème dans une casserole, ajoutez la crème et 100 g de sucre en poudre, ainsi que les gousses et les graines de vanille. Ajoutez les épices, portez le tout à ébullition et laissez infuser.

2 Battez tous les œufs avec le reste de sucre jusqu'à ce que le mélange blanchisse. Versez le lait sur les œufs en le filtrant dans un chinois.

3 Préchauffez le four th 4 (120 °C). Cassez le chocolat en morceaux, ajoutez une cuillère à soupe d'eau et faites-le fondre au micro-ondes trois fois 30 secondes à puissance maximale en mélangeant bien à chaque fois et saupoudrer de cassonade.

4 Beurrez six ramequins, versez-y la préparation. Mettez les ramequins dans un plat allant au four, versez de l'eau dans le fond du plat et faites cuire 1 heure.

5 Placez les crèmes au réfrigérateur au moins 2 heures avant de les servir.

Parfumez les crèmes avec du zeste d'orange et servez-les avec des orangettes.

Pacherenc du Vic Bilh moelleux à 7 °C

Ingrédients pour 6 personnes

- 200 g de chocolat
- 160 g de sucre en poudre
- 4 jaunes d'œufs
- 2 œufs
- ½ l de lait
- 25 cl de crème liquide
- 2 clous de girofle
- 1 graine de cardamome
- 1 gousse de vanille
- 1 cuill. à café de cannelle
- 1 noisette de beurre pour les ramequins
- Cassonade

Crèmes renversées au caramel

Préparation : 30 min - Cuisson : 40 min - Réfrigération : 8 à 10 h
Difficulté : facile - Budget : pas cher

Peut se faire la veille

1 Préparez le caramel : mettez le sucre et l'eau dans une casserole. Placez sur feu vif sans remuer. Lorsque le mélange devient sirupeux, puis ambré, versez-le dans le fond de ramequins individuels. Répartissez-le rapidement avant qu'il ne durcisse.

2 Fendez la gousse de vanille en deux dans le sens de la longueur et grattez l'intérieur pour récupérer les graines. Faites bouillir le lait avec les graines et la gousse de vanille, puis laissez infuser.

3 Préchauffez le four th 7 (210 °C). Dans un saladier, mélangez les œufs entiers, les jaunes, le sel et le sucre. Ajoutez la crème fleurette et fouettez à l'aide d'une fourchette. Ajoutez enfin le lait froid, en retirant la gousse de vanille, puis versez le tout dans les ramequins.

4 Enfournez au bain-marie pendant 30 minutes (l'eau ne doit pas bouillir).

5 Laissez refroidir en recouvrant les ramequins de film alimentaire, puis mettez au réfrigérateur 8 à 10 heures. Démoulez et dégustez frais.

Vérifiez la cuisson en plantant une lame de couteau dans la crème, elle doit ressortir sèche.

Sainte-Croix-du-Mont à 7 °C

Ingrédients pour 6 personnes

- 150 g de sucre en poudre
- ½ l de lait entier
- 4 à 5 cuill. à soupe de crème fleurette
- 4 œufs
- 2 jaunes d'œufs
- 1 gousse de vanille
- 1 pincée de sel

Pour le caramel :

- 100 g de sucre en poudre
- 2 cuill. à soupe d'eau

Crèmes aux amandes

Préparation : 15 min - Cuisson : 30 min
Difficulté : facile - Budget : pas cher

Pour les débutants

1 Cassez les œufs en séparant les jaunes des blancs. Battez les jaunes d'œufs avec le sucre jusqu'à ce que le mélange blanchisse. Ajoutez la poudre d'amande.

2 Préchauffez le four th 5 (150 °C). Battez les blancs en neige très ferme et incorporez-les délicatement à la crème d'amande à l'aide d'une spatule.

3 Versez la mousse dans des ramequins individuels beurrés.

4 Mettez au four pendant 30 minutes. Laissez refroidir.

5 Servez les mousses parsemées de copeaux de chocolat noir.

Accompagnez ces crèmes d'un coulis de framboise ou de fraise. Portez à ébullition 200 g de sucre et 20 cl d'eau. Ajoutez 500 g de framboises et mélangez. Mixez le tout avec le jus d'un citron vert et passez au tamis afin d'ôter les grains.

Crémant de Die à 7 °C

Ingrédients pour 6 personnes

- 4 œufs
- 100 g de sucre en poudre
- 125 g de poudre d'amande
- Chocolat noir
- 1 noix de beurre pour les ramequins

Iles flottantes

Préparation : 40 min - Cuisson : 30 min - Réfrigération : 4 h
Difficulté : difficile - Budget : abordable

Peut se faire la veille

Ingrédients pour 6 personnes

- 8 blancs d'œufs
- 300 g de sucre en poudre
- 1 noisette de beurre pour le moule
- 2 cuillères à café de sucre en poudre pour le moule
- Pralines concassées
- 1 pincée de sel

Pour la crème anglaise :

- 8 jaunes d'œufs
- 100 g de sucre en poudre
- ½ l de lait entier
- 1 gousse de vanille

Pour le caramel :

- 100 g de sucre en morceaux
- 2 cuillères à soupe d'eau

1 Préchauffez le four th 5 (150 °C). Beurrez et sucrez un moule à charlotte. Montez les blancs en neige avec le sel. Lorsqu'ils commencent à épaissir, versez le sucre et continuez à battre. Versez la préparation dans le moule et placez le moule dans un bain-marie au four pendant 20 minutes.

2 Préparez la crème anglaise : fendez la gousse de vanille en deux et récupérez les graines. Portez le lait à ébullition avec la gousse de vanille fendue en deux et les graines. Laissez infuser 10 minutes. Fouettez les jaunes d'œufs avec le sucre jusqu'à ce que le mélange blanchisse, puis versez doucement le lait chaud à travers un chinois sans cesser de remuer. Faites chauffer à feu doux et fouettez la crème jusqu'à ce qu'elle épaississe, sans la faire bouillir. Laissez refroidir en remuant régulièrement pour éviter qu'une peau ne se forme sur le dessus.

3 Laissez refroidir les blancs d'œufs, puis démoulez-les dans un plat creux et versez la crème anglaise autour. Réservez au moins 4 heures au frais.

4 Préparez le caramel : faites chauffer les morceaux de sucre et l'eau, et laissez caraméliser à feu vif, sans remuer, jusqu'à ce que le mélange blondisse. Versez le caramel brûlant en filet sur les îles flottantes, décorez de pralines concassées et servez sans attendre.

Pour une crème anglaise réussie à coup sûr, ajoutez une cuillère à café de Maïzena dans le lait avant de porter à ébullition. Si vous souhaitez préparer ce dessert la veille, montez les blancs en neige très ferme et faites-les bien cuire.

Clairette de Die à 7 °C

Petites crèmes à la vanille

Préparation : 15 min - Cuisson : 35 min - Réfrigération : 2 h
Difficulté : facile - Budget : pas cher

Peut se faire la veille

1 Fendez la gousse de vanille en deux dans le sens de la longueur et grattez l'intérieur pour récupérer les graines. Faites bouillir le lait et la crème avec les graines et la gousse de vanille, puis laissez infuser.

2 Fouettez tous les œufs avec le sucre jusqu'à ce que le mélange blanchisse, puis versez tout doucement le lait chaud à travers un chinois, sans cesser de remuer.

3 Préchauffez le four th 4 (120 °C). Beurrez six ramequins et versez-y la préparation.

4 Mettez les ramequins dans un plat allant au four, versez de l'eau dans le fond du plat jusqu'à mi-hauteur et faites cuire dans ce bain-marie pendant 30 minutes.

5 Saupoudrez de cannelle ou de sucre roux et placez au réfrigérateur au minimum 2 heures avant de servir.

Recouvrez les crèmes d'une gelée de miel au thym : faites infuser quinze tiges de thym et deux gousses de vanilles fendues dans ¼ l d'eau bouillante. Ajoutez quatre feuilles de gélatine ramollie et 50 g de miel, fouettez bien et recouvrez les crèmes refroidies avant de mettre au frais. Divin !

Touraine pétillant à 9 °C

Ingrédients pour 6 personnes

- 100 g de sucre en poudre
- ½ l de lait entier
- 2 œufs
- 4 jaunes d'œufs
- 20 cl de crème liquide
- 1 gousse de vanille
- 1 pincée de cannelle en poudre
- 1 noisette de beurre pour les ramequins

Fontainebleaux aux framboises

Préparation : 25 min - Cuisson : 10 min - Congélation : 30 min
Difficulté : facile - Budget : abordable

Chic

Ingrédients pour 6 personnes

- 500 g de framboises
- 300 g de fromage blanc en faisselle
- 30 cl de crème liquide
- 60 g de sucre glace

Pour le caramel :

- 100 g de sucre en poudre
- 1 citron
- 2 cuillères à soupe d'eau

1 Mettez les framboises dans un plat et placez-les au congélateur pendant 30 minutes.

2 Fouettez la crème liquide en chantilly en incorporant le sucre glace en pluie quand elle commence à prendre.

3 Égouttez le fromage blanc en faisselle et mettez-le dans un saladier. Incorporez alors très délicatement la chantilly.

4 Mettez les framboises dans des verres transparents et recouvrez de crème au fromage blanc.

5 Préparez le caramel : versez le sucre dans une casserole. Ajoutez l'eau et quelques gouttes de jus de citron. Faites cuire à feu vif sans remuer. Lorsque le mélange commence à blondir, remuez légèrement en inclinant la casserole. Versez un filet de caramel brûlant sur les fontainebleaux et servez sans attendre.

Préparez le caramel au dernier moment et versez-le aussitôt sur les coupelles car il se fige très vite.

Muscat de Frontignan à 7 °C

Mousses au chocolat

Préparation : 20 min - Cuisson : 10 minutes - Réfrigération : 4 h
Difficulté : facile - Budget : pas cher

Pour les débutants

1 Cassez le chocolat en morceaux et faites-le fondre au bain-marie à feu moyen.

2 Cassez les œufs en séparant les blancs des jaunes. Battez les jaunes, puis ajoutez-les au chocolat.

3 Montez les blancs en neige très ferme avec le sel. Incorporez une cuillère à soupe de blancs au chocolat en fouettant vivement, puis incorporez délicatement le reste des blancs.

4 Versez la préparation dans un saladier. Couvrez-la de film alimentaire et placez-la au frais au moins 4 heures.

Si vous voulez gagner du temps, faites fondre le chocolat au micro-ondes avec une cuillère à soupe d'eau pendant trois fois 30 secondes en mélangeant bien entre chaque cuisson. Et pour que la mousse prenne plus vite, placez votre saladier au congélateur dès que vous démarrez la préparation.

Pineau des Charentes à 9 °C

Ingrédients pour 6 personnes

- 250 g de chocolat noir
- 6 œufs
- 1 pincée de sel

Ingrédients pour 6 personnes

- 300 g de mûres
- 250 g de petits-suisses
- 2 œufs
- 1 citron
- 2 feuilles de gélatine
- 2 cuill. à soupe de sucre en poudre
- Basilic

Mousses de mûres

Préparation : 20 min - Cuisson : 5 min - Réfrigération : 3 h
Difficulté : facile - Budget : pas cher

Chic

1 Mixez les mûres, puis filtrez-les afin d'enlever les grains. Trempez les feuilles de gélatine 5 minutes dans un petit bol d'eau froide. Pressez le citron et faites chauffer le jus de citron dans une casserole avec les feuilles de gélatine essorée. Portez à ébullition et réservez. Laissez tiédir, puis mixez le sirop avec les mûres.

2 Mélangez les jaunes d'œufs avec le sucre jusqu'à ce que le mélange blanchisse. Incorporez les petits-suisses, le jus de citron et les blancs montés en neige.

3 Versez la préparation dans des coupelles individuelles et recouvrez-les de film alimentaire. Laissez reposer 3 heures au frais.

4 Servez les mousses dans les coupelles, après les avoir décorées de feuilles de basilic.

Réalisez cette mousse avec toutes sortes de fruits rouges (groseilles, myrtilles, framboises…) et pour une recette chic et tendance, présentez les mousses dans des petits verres transparents.

Rosette moelleux à 7 °C

Soufflés aux fraises

Préparation : 15 minutes - Cuisson : 25 min
Difficulté : difficile - Budget : abordable

Rapide

1 Versez le lait dans une casserole avec 70 g de sucre et la gousse de vanille fendue en deux dans la longueur. Portez à ébullition, puis retirez la vanille. Cassez les œufs, séparez les blancs des jaunes et réservez les blancs au frais. Équeutez les fraises et coupez-les en tout petits morceaux.

2 Faites fondre le beurre dans une casserole. Quand il se met à mousser, retirez du feu et ajoutez d'un coup la farine et la fécule. Mélangez bien et remettez sur feu doux. Versez alors le lait bouillant en mélangeant avec une spatule. Laissez bouillir 2 minutes, retirez du feu et laissez refroidir.

3 Incorporez les jaunes à la crème. Montez les blancs en neige, puis incorporez-les délicatement à la préparation. Ajoutez les fraises et mélangez délicatement en soulevant bien la préparation.

4 Préchauffez le four th 6/7 (200 °C). Beurrez et poudrez de sucre six ramequins à bords hauts. Versez la pâte dans les moules et enfournez. Faites cuire 20 minutes sans ouvrir la porte du four.

5 Sortez les soufflés du four, saupoudrez-les de sucre glace et servez-les aussitôt.

Ces soufflés peuvent être cuits dans un grand moule, le temps de cuisson sera alors de 35 à 40 minutes.

Crémant de Limoux à 7 °C

Ingrédients pour 6 personnes

- 400 g de fraises
- 150 g de sucre en poudre
- 70 g de farine
- 20 g de fécule de pommes de terre
- 40 cl de lait
- 90 g de beurre
- 5 œufs
- 1 gousse de vanille
- Le jus d'un ½ citron
- Sucre glace
- 1 noix de beurre pour les ramequins

Crêpes aux pommes et au Calvados

Préparation : 15 min - Cuisson : 15 min - Repos : 1 h
Difficulté : facile - Budget : pas cher

Pas cher

Ingrédients pour 6 personnes

Pour les crêpes :
- 4 œufs
- 250 g de farine
- 3 cuill. à soupe de sucre en poudre
- ½ l de lait
- 2 cuill. à soupe de Calvados (facultatif)
- Beurre

Pour les pommes :
- 2 pommes
- 1 cuill. à soupe de sucre en poudre
- 10 g de beurre
- 2 cl de Calvados
- ½ citron
- Sucre glace

1 Versez la farine et le sucre en poudre dans un saladier. Creusez une fontaine au centre et cassez-y les œufs. Mélangez au fouet en incorporant la farine petit à petit. Versez le lait en filet en fouettant. Mélangez bien jusqu'à obtention d'une pâte lisse et coulante. Ajoutez le Calvados. Couvrez d'un linge et laissez reposer à température ambiante pendant 1 heure.

2 Faites chauffer une noisette de beurre dans une poêle antiadhésive. Versez une louche de pâte et tournez la poêle dans tous les sens afin de bien répartir la pâte. Laissez cuire 2 minutes, puis retournez la crêpe et poursuivez la cuisson quelques secondes. Réservez au chaud et recommencez l'opération jusqu'à épuisement de la pâte.

3 Pressez le jus du citron. Épluchez les pommes, coupez-les en lamelles et arrosez-les du jus de citron. Faites fondre le beurre dans une poêle, ajoutez les pommes, le sucre en poudre et le Calvados, et faites revenir le tout à feu doux pendant 2 minutes.

4 Répartissez les crêpes et les pommes sur des assiettes à dessert. Saupoudrez de sucre glace et servez aussitôt.

Pour des crêpes plus légères, remplacez la moitié du lait par de l'eau. Et pour les maintenir au chaud, évitez le four qui les dessèche : empilez-les sur une assiette, recouvrez d'un saladier renversé et posez le tout sur un autre saladier rempli d'eau chaude.

Cidre fermier à 7 °C

Far breton aux pruneaux

Préparation : 15 min - Cuisson : 50 min
Difficulté : très facile - Budget : pas cher

Rapide

1 Tamisez la farine et mettez-la dans un saladier. Ajoutez le sucre en poudre et le sel, puis les œufs un à un en mélangeant bien entre chaque. Versez le lait en filet et parfumez avec le rhum. Mélangez bien pour obtenir une pâte lisse.

2 Préchauffez le four th 6 (180 °C). Beurrez et farinez un moule. Répartissez les pruneaux au fond du moule, puis versez la pâte.

3 Enfournez et faites saisir le far pendant 10 minutes, puis réduisez la température du four th 5 (150 °C) et poursuivez la cuisson 40 minutes. Servez le far tiède ou froid.

Vous pouvez remplacer les pruneaux par des raisins, que vous aurez fait gonfler préalablement dans de l'eau bouillante. Farinez-les pour qu'ils ne tombent pas au fond du plat.

Cidre brut à 7 °C

Ingrédients pour 6 personnes

- 20 pruneaux dénoyautés
- 1 l de lait
- 250 g de farine
- 250 g de sucre en poudre
- 4 œufs
- 1 cuill. à soupe de rhum brun
- 1 pincée de sel
- 1 noix de beurre pour le moule

Ingrédients pour 6 personnes

- 500 g de pommes
- 500 g de poires
- 1 cuill. à café de cannelle
- 3 cuill. à soupe de cassonade
- Beurre

Pour la pâte :
- 150 g de beurre
- 150 g de farine
- 150 g de cassonade
- 1 pincée de sel

Crumble aux pommes et aux poires

Préparation : 25 min - Cuisson : 40 min
Difficulté : facile - Budget : pas cher

☺ Convivial

1 Sortez le beurre du réfrigérateur et coupez-le en petits morceaux pour qu'il ramollisse plus vite. Préchauffez le four th 6-7 (200 °C).

2 Beurrez un plat à gratin. Épluchez les fruits, retirez les pépins et coupez-les en dés. Saupoudrez-les de cassonade et de cannelle, et mélangez bien. Disposez les fruits dans des ramequins individuels et mettez au four afin que les fruits commencent à cuire.

3 Pendant ce temps, préparez la pâte. Mélangez la farine, la cassonade et le sel. Incorporez le beurre en malaxant du bout des doigts jusqu'à obtention d'une pâte sableuse.

4 Recouvrez les fruits de cette pâte sans la tasser. Parsemez de noisettes de beurre et enfournez à nouveau 35 minutes.

5 Servez le crumble tiède accompagné de crème fraîche.

Testez les crumble aux fruits rouges, à la rhubarbe,... et inventez de nouvelles recettes. Selon les fruits, faites-les précuire à la poêle avec un peu de beurre avant de les mettre dans le plat. La recette de base de la pâte reste toujours identique.

Coteaux du Layon à 7 °C

Clafoutis aux cerises

Préparation : 15 min - Cuisson : 30 min
Difficulté : facile - Budget : abordable

Rapide

1 Lavez les cerises, triez-les, égouttez-les, mais ne les dénoyautez pas.

2 Beurrez quatre moules à tartelette Ø 12 cm et tapissez-les de cerises.

3 Mélangez les œufs avec le sucre en poudre, les graines de la gousse de vanille et le sel jusqu'à ce que le mélange devienne mousseux. Incorporez le lait et le beurre fondu. Versez la farine en pluie sur le mélange et remuez. Répartissez la préparation dans les moules.

4 Faites cuire les clafoutis au four préchauffé à th 6 (180 °C), à mi-hauteur, pendant 20 à 30 minutes. Sortez les clafoutis du four, saupoudrez-les aussitôt de sucre vanillé, laissez-les refroidir et servez-les tièdes ou froids.

Ne dénoyautez pas les cerises car elles rendraient trop d'eau, et pour une recette encore plus gourmande, poêlez les cerises dans un peu de beurre avant de les répartir dans les moules.

Saumur rosé mousseux à 11 °C

Ingrédients pour 6 personnes

- 700 g de cerises
- 6 œufs
- 90 g de farine
- ¼ l de lait
- 60 g de beurre
- 1 gousse de vanille
- 2 cuill. à soupe de sucre en poudre
- 1 pincée de sel
- 1 noisette de beurre pour les moules
- 1 sachet de sucre vanillé

Pêches gratinées au sucre

Préparation: 15 min - Cuisson: 10 min
Difficulté : facile - Budget : pas cher

Pas cher

Ingrédients pour 6 personnes

- 3 œufs
- 12 moitiés de pêches (fraîches ou en conserve)
- 1sachet de sucre vanillé
- 1 citron non traité
- 500 g de fromage blanc
- 150 g de sucre en poudre
- 1 noix de beurre pour les moules

1 Si vous utilisez des pêches fraîches, ébouillantez-les, rafraîchissez-les à l'eau froide, pelez-les, coupez-les en deux et dénoyautez-les. Si vous utilisez des pêches en conserve, égouttez-les bien et séchez-les dans du papier absorbant.

2 Lavez le citron, râpez le zeste et pressez le jus. Mélangez le jus avec le fromage blanc.

3 Préchauffez le four th 8 (240 °C). Cassez les œufs en séparant les blancs des jaunes. Mélangez les jaunes avec le sucre en poudre et le sucre vanillé, puis incorporez le tout au fromage blanc.

4 Battez le blanc en neige très ferme et incorporez-le au fromage blanc en soulevant délicatement. Beurrez six moules et remplissez-les avec la préparation.

5 Coupez les pêches en tranches et répartissez-les sur le fromage blanc. Enfournez et faites cuire au four pendant 10 minutes jusqu'à ce que les pêches soient bien dorées. Servez tiède ou froid.

Testez cette recette avec tous les fruits de saison : framboises, poires…en adaptant le temps de cuisson au four. Pensez aussi aux fruits surgelés. Décongelez-les à température ambiante sur du papier absorbant et saupoudrez le fond des moules de poudre d'amande afin d'absorber l'excédent de jus.

Muscat de Beaumes de Venise à 9 °C

Pain perdu

Préparation : 10 min - Cuisson : 5 à 8 min
Difficulté : très facile - Budget : pas cher

Pour les débutants

1 Fendez la gousse de vanille en deux et grattez l'intérieur pour en extraire les graines. Portez le lait à ébullition avec 60 g de sucre en poudre et la gousse de vanille.

2 Battez les œufs dans une assiette creuse et ajoutez le reste de sucre. Versez le lait dans une autre assiette creuse.

3 Trempez les tranches de pain dans le lait, égouttez-les en les secouant légèrement, puis trempez-les dans les œufs battus.

4 Faites fondre une noix de beurre dans une poêle et faites dorer les tranches de pain des deux côtés, à feu moyen, en les saupoudrant de sucre pour les faire caraméliser.

5 Disposez les tranches de pain dans un plat au fur et à mesure de leur cuisson et maintenez-les au chaud, au four th 3 (90 °C), jusqu'au moment de servir.

Pour encore plus de moelleux, utilisez des tranches de brioche ou du pain aux raisins rassis.

Saussignac à 13 °C

Ingrédients pour 6 personnes

- 6 tranches épaisses de pain rassis
- 120 g de sucre en poudre
- ½ l de lait
- 3 œufs
- 1 gousse de vanille
- Beurre

Charlotte aux framboises

Préparation : 45 min - Pas de cuisson - Réfrigération : 12 h
Difficulté : difficile - Budget : abordable

Ingrédients pour 6 personnes

- 25 à 30 biscuits à la cuillère
- 500 g de framboises
- 150 g de sucre en poudre
- 50 cl de crème fraîche liquide
- 50 g de sucre en poudre
- 5 feuilles de gélatine
- Le jus d'un citron

Pour le sirop :

- 100 g de sucre en poudre
- 20 cl d'eau
- 5 cl de kirsch

Peut se faire la veille

1 Placez la crème fraîche au réfrigérateur pour qu'elle soit très froide. Trempez les feuilles de gélatine dans de l'eau froide pour les ramollir. Mixez 400 g de framboises avec le sucre et le jus du citron.

2 Versez la crème fraîche et le sucre dans un saladier lui-même posé dans un autre saladier plus grand et rempli de glaçons. Montez la crème en chantilly très ferme, puis réservez-la au frais.

3 Prélevez une partie de la purée de framboises et tiédissez-la dans une casserole. Ajoutez la gélatine bien égouttée en mélangeant bien pour la faire fondre. Incorporez délicatement les deux purées de framboises à la chantilly. Couvrez d'un film alimentaire et placez au réfrigérateur 6 heures minimum.

4 Préparez le sirop. Faites bouillir l'eau, versez le sucre, laissez-le fondre et retirez du feu. Ajoutez le kirsch au sirop tiède.

5 Tapissez un moule à charlotte de film transparent en le laissant déborder. Trempez les biscuits sur les deux faces dans le sirop et couvrez-en le fond et les côtés du moule, côté bombé contre les parois. Versez la chantilly aux framboises, couvrez de film transparent et mettez quelques heures au réfrigérateur. Démoulez en vous aidant du film alimentaire. Décorez du reste de framboises et servez la charlotte avec un coulis de fruits rouges.

Pour une charlotte toute rose, utilisez des biscuits roses de Reims et ajoutez trois cuillères à soupe de coulis de framboise dans le sirop pour le colorer.

Anjou rosé mousseux 9 °C

Tiramisu

Préparation : 20 min - Pas de cuisson - Réfrigération : 3 h
Difficulté : facile - Budget : pas cher

Pas cher

1 Cassez les œufs et séparez les blancs des jaunes. Battez les jaunes avec le sucre, puis ajoutez le mascarpone et fouettez vivement jusqu'à obtention d'une crème lisse.

2 Montez les blancs en neige très ferme. Incorporez deux cuillères à soupe de blancs à la crème au mascarpone en fouettant vivement, puis incorporez le reste des blancs très délicatement. Réservez-les au réfrigérateur.

3 Mélangez dans une assiette creuse le café et l'Amaretto. Imbibez la moitié des biscuits de café, puis rangez-les dans un grand plat. Versez par-dessus la moitié de la crème, puis couvrez de nouveau avec le reste des biscuits imbibés de café. Terminez par une couche de crème.

4 Recouvrez le plat de film alimentaire et réservez au réfrigérateur pendant au moins 3 heures.

5 Au moment de servir, saupoudrez de cacao au travers d'une passoire fine et servez sans attendre.

Utilisez une coupe transparente pour présenter le tiramisu, l'effet sera encore plus joli. Et si vous ne trouvez pas de biscuits italiens, remplacez-les par des biscuits la cuillère non sucrés.

Maury rouge 14 °C

Ingrédients pour 6 personnes

- 500 g de mascarpone
- 1 paquet de biscuits italiens de type Pavesini
- 6 œufs
- 6 cuill. à soupe de sucre en poudre
- 20 cl de café noir très fort
- 4 cl d'Amaretto (liqueur d'amande)
- Cacao en poudre

Riz au lait à la cannelle et au chocolat

Préparation : 15 min - Cuisson : 40 min
Difficulté : facile - Budget : pas cher

Peut se faire la veille

1 Préparez le riz au lait à la cannelle : faites bouillir une grande quantité d'eau et versez-y le riz. Attendez la reprise de l'ébullition, puis rincez le riz à l'eau froide et égouttez-le.

2 Fendez les gousses de vanille en deux dans le sens de la longueur et grattez l'intérieur pour récupérer les graines. Faites bouillir le lait avec les graines, les gousses de vanille et les bâtons de cannelle.

3 Ajoutez le riz et baissez le feu. Faites cuire 20 à 30 minutes (ou plus selon vos goûts) en remuant souvent et délicatement. Ajoutez enfin le sucre et le sel, puis faites cuire 5 à 10 minutes supplémentaires.

4 Ôtez la gousse de vanille et versez le riz dans des petits verres. Saupoudrez de cannelle et servez tiède ou froid.

5 Préparez le riz au lait au chocolat : cassez le chocolat en morceaux et faites-le fondre doucement. Procédez comme pour le riz à la cannelle et incorporez le chocolat fondu à la fin du deuxième temps de cuisson.

Parfumez le riz à la cannelle avec des pépites de chocolat ou des raisins secs macérés dans un peu de rhum brun.

Côtes du Jura mousseux à 7 °C

Ingrédients pour 6 personnes

Riz au lait à la cannelle :
- 200 g de riz rond
- 800 g de sucre en poudre
- 1 l de lait
- 2 gousses de vanille
- 2 bâtons de cannelle
- Cannelle en poudre
- 1 pincée de sel

Riz au lait au chocolat :
Remplacez la cannelle et la vanille par :
- 100 g de chocolat noir

Brochettes de fruits à la sauce chocolat

Préparation : 25 min - Cuisson : 10 min
Difficulté : très facile - Budget : pas cher

Pour les débutants

1 Sortez la crème fleurette du réfrigérateur et laissez-la à température ambiante.

2 Cassez le chocolat en morceaux dans une casserole et faites-le fondre au bain-marie à feu doux. Ajoutez la crème fleurette, mélangez et versez la préparation dans des petits pots individuels.

3 Rincez les fraises, puis séchez-les et équeutez-les. Coupez-les dans le sens de la largeur. Épluchez la banane et les kiwis, et coupez-les en rondelles. Pressez le jus du citron et citronnez les rondelles de banane afin qu'elles ne noircissent pas.

4 Répartissez les fruits sur des piques en bois et servez les brochettes accompagnées de la sauce au chocolat froide.

Variez les fruits selon les saisons : oranges, pommes, poires, pêches, framboises…et servez-les avec une sauce au chocolat chaude l'hiver.

Jurançon moelleux à 7 °C

Ingrédients pour 6 personnes

- 300 g de fraises
- 2 kiwis
- 1 banane
- 1 citron

Pour la sauce chocolat :
- 200 g de chocolat noir pas trop fort
- 10 cl de crème fleurette

Carpaccio de fraises et d'oranges

Préparation : 15 min - Pas de cuisson - Réfrigération : 2 h
Difficulté : très facile - Budget : pas cher

Exotique

Ingrédients pour 6 personnes

- 500 g de fraises
- 4 oranges
- 2 citrons verts
- 2 cuill. à soupe de sucre glace
- Quelques graines de cardamome

1 Rincez les fraises et égouttez-les.

2 Brossez trois oranges sous l'eau chaude et séchez-les. Pelez-les, coupez-les en tranches très fines et disposez-les dans des assiettes.

3 Séchez les fraises délicatement et équeutez-les. Coupez-les en tranches très fines et déposez-les sur les oranges.

4 Pressez les citrons et la dernière orange. Mélangez le jus avec le sucre glace et arrosez les fruits de ce mélange. Parsemez de graines de cardamome hachées finement.

5 Recouvrez les assiettes de film alimentaire et mettez-les au frais au moins 2 heures.

Réalisez de la même manière un carpaccio d'ananas en remplaçant le jus de citron par deux cuillères à soupe de rhum et la cardamome par les graines d'une gousse de vanille.

Coteaux de l'Aubance à 9 °C

Compotée de fruits rouges

Préparation : 10 min - Cuisson : 30 min
Difficulté : très facile - Budget : abordable

Pour les débutants

1 Équeutez les groseilles. Rincez tous les fruits à l'eau claire, puis égouttez-les.

2 Mettez tous les fruits dans une casserole avec l'eau et le sucre, et faites cuire 30 minutes à feu très doux.

3 Servez tiède ou froid avec de la glace à la vanille ou de la crème chantilly.

Vous pouvez utiliser le surplus de jus de cuisson pour en faire un granité de fruits rouges.

Côtes de Duras blanc moelleux à 7 °C

Ingrédients pour 6 personnes

- 250 g de groseilles
- 250 g de framboises
- 250 g de cassis
- 150 g de sucre en poudre
- 10 cl d'eau

Lemon curd

Préparation : 15 min - Cuisson : 15 min
Difficulté : facile - Budget : pas cher

Exotique

Ingrédients pour 1 pot de lemon curd

- 150 g de sucre en poudre
- 100 g de beurre
- 4 œufs
- 2 citrons

1 Lavez les citrons à l'eau chaude, puis séchez-les. Prélevez le zeste et pressez le jus.

2 Dans un grand bol, mélangez le jus des citrons, le zeste, le sucre et les œufs, puis ajoutez le beurre en petits morceaux.

3 Faites cuire au bain-marie dans une casserole et fouettez 15 minutes environ jusqu'à ce que la préparation épaississe (sans interruption les 5 dernières minutes).

4 Versez dans un bol, recouvrez de film alimentaire et mettez au réfrigérateur.

5 Servez bien frais.

Le lemon curd peut être utilisé comme garniture pour une tarte au citron ou pour un gâteau roulé, et se conserve environ une semaine au réfrigérateur.

Haut Montravel à 7 °C

Pêches pochées aux framboises

Préparation : 40 min - Cuisson : 15 min - Repos : 1 h
Difficulté : facile - Budget : abordable

Pour les débutants

1 Rincez les pêches et dénoyautez-les sans les abîmer. Rincez les fraises. Réservez-en six de taille moyenne et découpez les autres en deux.

2 Versez 1 l d'eau dans une casserole pouvant contenir les six pêches côte à côte. Ajoutez le sucre, la citronnelle, les fraises coupées en deux, une dizaine de framboises et l'eau de rose. Portez à ébullition. Retirez du feu et plongez les pêches dans ce sirop. Recouvrez la casserole d'une feuille de papier sulfurisé, puis d'une assiette plus petite que la casserole afin que les pêches ne remontent pas à la surface, et laissez reposer au moins 1 heure.

3 Retirez les pêches du sirop et épluchez-les. Déposez les fraises réservées au cœur des pêches à la place du noyau et réservez-les.

4 Filtrez le jus de cuisson et récupérez-en 30 cl. Versez-le dans une casserole avec la fécule de pommes de terre et portez à ébullition en fouettant sans cesse. Retirez du feu.

5 Nappez chaque pêche de ce sirop. Ajoutez une cuillère à soupe de crème fouettée légèrement sucrée et servez avec le reste de framboises.

Pour un dessert allégé, remplacez la crème fraîche par du fromage blanc allégé.

Gaillac doux à 7 °C

Ingrédients pour 6 personnes

- 6 pêches blanches mûres
- 250 g de fraises
- 250 g de framboises
- 200 g de sucre en poudre
- 2 bâtons de citronnelle
- 1 cuill. à soupe de fécule de pommes de terre
- 1 cuill. à soupe d'eau de rose
- 1 petit pot de crème fraîche

Pêches rôties

Préparation : 20 min - Cuisson : 20 min
Difficulté : très facile - Budget : pas cher

Pour les débutants

1 Épluchez les pêches. Coupez-les en deux et retirez les noyaux.

2 Faites fondre le beurre dans une sauteuse et déposez-y les demi-pêches. Ajoutez le miel. Faites dorer les pêches sur les deux faces pendant 5 minutes environ, en les retournant délicatement.

3 Pressez le citron et ajoutez le jus dans la sauteuse. Incorporez le romarin ciselé et baissez le feu. Faites confire les pêches pendant 15 minutes.

4 Retirez les pêches à l'aide d'une écumoire et disposez-les dans des assiettes à dessert. Filtrez le jus de cuisson et versez-le sur les pêches.

5 Ajoutez une cuillère à soupe de crème fraîche épaisse dans chaque assiette et servez chaud ou tiède.

Pour une préparation plus originale, enfilez les oreillons de pêches sur une petite branche de romarin frais et faites-les dorer ensuite.

Muscat du Cap Corse à 9 °C

Ingrédients pour 6 personnes

- 6 grosses pêches jaunes mûres
- 3 cuill. à soupe de miel liquide
- 1 citron
- 3 branches de romarin frais
- 1 noix de beurre
- 1 petit pot de crème fraîche épaisse

Salade de fruits épicée

Préparation : 20 min - Pas de cuisson
Difficulté : facile - Budget : abordable

Exotique

1 Épluchez les oranges, les kiwis et la banane. Coupez-les en morceaux et mettez-les dans un saladier.

2 Faites gonfler les raisins secs pendant 5 minutes dans un bol d'eau bouillante, puis séchez-les dans du papier absorbant. Ajoutez-les dans le saladier.

3 Lavez les pommes, et sans les éplucher, ôtez la partie centrale et coupez-les en tranches fines. Pressez le jus du citron. Citronnez les tranches de pommes et versez le tout dans le saladier. Ajoutez le rhum.

4 Grattez les graines de la gousse de vanille. Saupoudrez les fruits des épices et de sucre roux, puis ajoutez les graines de vanille, ainsi que la gousse. Mélangez très délicatement.

5 Couvrez le saladier de film alimentaire et réservez au réfrigérateur jusqu'au moment de servir.

Vous pouvez ajouter des feuilles de menthe finement ciselées et remplacer le kiwi et la banane par une petite mangue et un ananas.

Muscat d'Alsace à 8 °C

Ingrédients pour 6 personnes

- 1 pomme Granny Smith
- 1 pomme Gala
- 2 oranges
- 2 kiwis
- 1 banane
- 1 citron
- 50 g de raisins secs
- 4 cl de rhum
- 4 cuill. à café de sucre roux
- 1 cuill. à café de cannelle
- 2 pincées de gingembre râpé
- 1 pincée de noix de muscade râpée
- 1 gousse de vanille

Biscuit roulé au chocolat et aux framboises

Préparation : 1 h - Cuisson : 15 min - Repos : 12 h
Réfrigération : 2 h - Difficulté : difficile - Budget : cher

Chic

Ingrédients pour 6 personnes

Pour le biscuit :
- 75 g de farine
- 150 g de sucre en poudre
- 3 œufs
- ½ sachet de levure chimique
- 2 cuill. à soupe de cacao
- 1 noix de beurre

Pour la crème :
- 150 g de beurre
- 15 cl de crème fleurette
- 150 g de sucre en poudre
- 150 g de poudre d'amande
- 200 g de framboises
- 3 cl de Grand-Marnier

Pour le sirop et la décoration :
- 10 cl de sirop de sucre de canne
- Framboises
- Feuilles de menthe
- Sucre glace

1 La veille, faites tremper les framboises dans le Grand-Marnier.

2 Cassez les œufs et séparez les blancs des jaunes. Montez les blancs en neige. Battez les jaunes et le sucre. Tamisez la farine, la levure et le cacao. Incorporez les jaunes, puis les blancs en neige.

3 Posez une feuille de papier sulfurisé beurrée sur la plaque du four. Étalez la pâte et faites cuire au four th 6 (180 °C) pendant 15 minutes. Sortez le biscuit du four et laissez-le tiédir en le recouvrant d'un linge humide.

4 Égouttez les framboises et réservez le sirop. Battez la crème en chantilly. Battez le beurre ramolli avec le sucre jusqu'à ce que le mélange devienne mousseux. Ajoutez la poudre d'amande, les framboises et la crème chantilly, et placez au frais.

5 Mélangez le sirop de macération des framboises et le sirop de sucre de canne. Décollez le biscuit du papier sulfurisé et rectifiez le rectangle de pâte en coupant les bords. Imbibez le biscuit de sirop et enduisez-le de crème aux framboises. Roulez la pâte et mettez le biscuit au réfrigérateur au minimum 2 heures.

6 Au moment de servir, saupoudrez de sucre glace et décorez de framboises et de feuilles de menthe.

Pour une chantilly réussie, utilisez impérativement de la crème liquide entière et placez le saladier, la crème et les batteurs au congélateur 10 minutes avant de battre.

Rivesaltes rouge à 14 °C

Cake au citron

Préparation : 30 min - Cuisson : 40 min
Difficulté : facile - Budget : pas cher

❄ Se congèle facilement

1 Sortez le beurre du réfrigérateur pour qu'il ramollisse. Coupez-le en morceaux et mettez-le dans une terrine. Ajoutez le sucre. Travaillez le mélange au batteur électrique jusqu'à obtention d'une crème lisse. Cassez les œufs un par un sur le beurre en travaillant la pâte sans cesse. Tamisez la farine et la levure ensemble, et incorporez-les à la pâte en lissant bien.

2 Préchauffez le four th 5 (150 °C). Râpez le zeste de trois citrons. Ajoutez-le à la pâte avec le jus de deux citrons en mélangeant bien.

3 Beurrez et farinez un moule à cake. Versez-y la pâte et mettez au four th 5 (150 °C) pendant 40 minutes.

4 Préparez le glaçage : faites fondre le sucre glace dans une casserole à feu doux avec le jus des trois autres citrons. Faites épaissir.

5 Lorsque le cake est cuit, sortez-le du four. Attendez quelques minutes et démoulez-le sur une grille. Mettez-le sur un plat et versez le glaçage. Parsemez le cake de zeste de citrons confits. Réservez au réfrigérateur jusqu'au moment de servir.

Variez les plaisirs en remplaçant le citron par trois abricots coupés en petits morceaux et une cuillère à café de fleurs de lavande, et réalisez le glaçage avec quelques gouttes d'essence de lavande. Si vous souhaitez congeler le cake, réalisez le glaçage après la décongélation.

Alsace-Riesling à 9 °C

Ingrédients pour 6 personnes

- 5 citrons
- 175 g de beurre
- 175 g de farine
- 175 g de sucre en poudre
- 125 g de sucre glace
- 3 œufs
- ½ sachet de levure chimique
- Quelques zestes de citron vert et jaune confits
- 1 noix de beurre pour le moule

Ingrédients pour 6 personnes

- 300 g de fromage blanc épais
- 300 g de Saint-Moret
- 120 g de sucre en poudre
- 100 g de biscuits de type Petits beurres
- 80 g de beurre fondu
- 2 cuill. à soupe de Maïzena
- 4 œufs
- 1 sachet de sucre vanillé
- 1 citron
- 1 pincée de sel
- 1 noix de beurre pour le moule

Cheese-cake au citron

Préparation : 20 min - Cuisson : 30 min
Difficulté : difficile - Budget : pas cher

❄ Se congèle facilement

1 Préchauffez le four th 6-7 (200 °C). Beurrez un moule à manqué de taille moyenne. Garnissez les parois du moule de papier sulfurisé beurré en le laissant dépasser du moule, ainsi le cheese-cake pourra gonfler sans déborder.

2 Émiettez les biscuits et mélangez-les avec le beurre fondu. Mettez-les dans le moule en tassant bien.

3 Rincez le citron à l'eau chaude, séchez-le et prélevez le zeste. Égouttez le fromage blanc et le Saint-Moret.

4 Dans un grand saladier, versez les fromages, le sucre en poudre, le sucre vanillé, la Maïzena tamisée à travers un chinois, les œufs un à un et le sel, en mélangeant bien entre chaque incorporation. Ajoutez enfin le zeste du citron.

5 Versez la préparation sur la couche de biscuits et enfournez 30 minutes. Laissez refroidir avant de démouler. Servez le cheese-cake accompagné d'un coulis de fruits rouges.

Quelques variantes de cheese-cake : allégez le cake en battant les blancs en neige et pour une pâte plus croustillante, utilisez des spéculoos à la place des biscuits à thé.

St-Péray mousseux à 9 °C

Gâteau à la mousse au chocolat

Préparation : 1 h - Cuisson : 50 min - Réfrigération : 3 h
Difficulté : difficile - Budget : pas cher

Chic

1 Préparez la génoise : préchauffez le four th 6 (180 °C). Mélangez les jaunes d'œufs et le sucre, et fouettez-les dans un bain-marie jusqu'à ce que le mélange blanchisse. Retirez du feu et fouettez jusqu'à refroidissement. Ajoutez la farine, le cacao, la levure et une pincée de sel. Mélangez, puis versez le beurre fondu en filet. Incorporez les blancs montés en neige. Versez sur une plaque à four recouverte de papier sulfurisé et faites cuire 30 minutes. Démoulez la génoise sur une grille.

2 Préparez la mousse au chocolat : cassez le chocolat en morceaux et faites-le fondre. Séparez les blancs des jaunes d'œufs. Mélangez le chocolat et les jaunes d'œufs. Fouettez la crème en la saupoudrant de sucre glace quand elle commence à monter. Incorporez délicatement la chantilly au chocolat. Montez les blancs en neige avec le sel et incorporez-les délicatement au chocolat. Réservez au frais.

3 Montez le gâteau : coupez la génoise à la taille du moule. Chemisez le moule de film alimentaire en laissant le film largement dépasser du moule. Retirez la croûte de la génoise, puis posez-la au centre du moule. Recouvrez-la de mousse au chocolat et placez au frais pendant au moins 3 heures.

4 Démoulez le gâteau en le soulevant à l'aide du film alimentaire. Posez-le, puis glissez-le dans un plat.

Si vous possédez un moule à fond amovible, utilisez-le pour monter le gâteau. Le démoulage sera ainsi plus facile.

Cadillac moelleux à 7 °C

Ingrédients pour 6 personnes

Pour la génoise :
- 100 g de farine
- 75 g de beurre fondu
- 75 g de sucre semoule
- 15 g de cacao
- 3 œufs
- ½ sachet de levure
- Sel

Pour la mousse au chocolat :
- 200 g de chocolat
- 6 œufs
- 15 cl de crème liquide
- 80 g de sucre glace
- 1 pincée de sel
- Cacao

Gâteau au chocolat et aux Smarties

Préparation : 30 min - Cuisson : 1 h 10 - Réfrigération : 12 h
Difficulté : facile - Budget : pas cher

Peut se faire la veille

Ingrédients pour 6 personnes

- 250 g de chocolat
- 250 g de beurre
- 250 g de sucre en poudre
- 4 œufs
- 1 cuill. à soupe de farine
- 1 paquet de Smarties
- 1 noisette de beurre pour le moule

Pour le glaçage :
- 125 g de chocolat
- 50 g de beurre

1 Cassez le chocolat en morceaux dans une casserole et faites-le fondre avec le sucre à feu doux. Remuez jusqu'à ce que le mélange soit bien lisse et retirez du feu. Préchauffez le four th 6 (180 °C).

2 Incorporez petit à petit le beurre coupé en morceaux, puis les œufs battus en omelette, et enfin la farine.

3 Beurrez légèrement un moule. Versez-y la préparation et faites cuire au bain-marie au four pendant 45 minutes (l'eau du bain-marie ne doit pas bouillir).

4 Retirez ensuite le moule du bain-marie et faites cuire pendant 20 minutes en baissant le four th 4/5 (130 °C). Mettez au frais une nuit entière.

5 Le lendemain, préparez le glaçage : faites fondre le chocolat au bain-marie, puis ajoutez le beurre et fouettez le mélange. Versez aussitôt le glaçage sur le gâteau en le répartissant à l'aide d'une spatule. Servez le gâteau décoré de Smarties.

Réalisez un gâteau plus festif : montez 50 cl de crème en chantilly, ajoutez 80 g de sucre en poudre et incorporez trois feuilles de gélatine fondues dans une cuillère à soupe d'eau bouillante. Garnissez le gâteau coupé dans la hauteur et placez 2 heures au frais.

Cérons à 7 °C

Moelleux au chocolat

Préparation : 20 min - Cuisson : 15 min
Difficulté : facile - Budget : pas cher

Rapide

1 Préchauffez le four th 6 (180 °C). Battez les œufs entiers au fouet avec la moitié du sucre, jusqu'à ce que le mélange blanchisse et forme un ruban.

2 Cassez le chocolat en morceaux et faites-le fondre au bain-marie avec le beurre coupé en morceaux. Ajoutez la farine, la Maïzena et le reste du sucre. Mélangez et incorporez cette préparation au mélange œufs-sucre.

3 Beurrez et farinez des petits ramequins. Versez-y la pâte et faites cuire 8 minutes.

4 Sortez les ramequins du four et laissez reposer 5 minutes. Démoulez et servez aussitôt.

Pour une recette plus légère, montez les blancs en neige très ferme et incorporez-les délicatement à la fin de la préparation. Servez les moelleux accompagnés de quelques framboises, c'est un mariage délicieux !

Loupiac à 7 °C

Ingrédients pour 6 personnes

- 250 g de chocolat
- 125 g de beurre
- 100 g de sucre en poudre
- 80 g de farine
- 15 g de Maïzena
- 6 œufs
- 1 noix de beurre pour les ramequins

Ingrédients pour 6 personnes

- 1 rouleau de pâte sablée
- 300 g de chocolat noir
- 80 g de crème liquide
- 30 g de beurre
- Du riz ou des haricots secs pour la cuisson
- 1 noix de beurre pour le moule

Tarte au chocolat

Préparation : 20 min - Cuisson : 20 min - Réfrigération : 1 h 30
Difficulté : très facile - Budget : pas cher

Chic

1 Préchauffez le four th 6 (180 °C) et beurrez un moule à tarte.

2 Étalez finement la pâte dans le moule, piquez-la à l'aide d'une fourchette et laissez reposer au frais 30 minutes.

3 Recouvrez la pâte d'une feuille de papier sulfurisé et déposez-y du riz ou des haricots secs. Faites cuire au four 20 minutes. Sortez le moule du four, retirez le riz ou les haricots, ainsi que le papier sulfurisé.

4 Préparez la ganache : cassez le chocolat en morceaux dans un saladier. Faites bouillir la crème liquide et versez-la sur le chocolat jusqu'à obtenir une crème lisse. Incorporez le beurre coupé en petits morceaux. Versez la crème dans le fond de tarte et mettez au frais pendant 1 heure. Démoulez la tarte juste avant de la servir.

Parsemez la pâte de raisins secs trempés dans de l'eau ou dans un alcool d'amandes, de noix et de noisettes grossièrement hachées. Ajoutez du caramel mou (100 g de sucre, deux cuillères à soupe d'eau et lorsque le caramel est blond, de la crème liquide et une pincée de fleur de sel), puis versez le chocolat par-dessus.

Banyuls rancio à 17 °C

Tarte au citron

Préparation : 30 min - Cuisson : 40 min - Réfrigération : 30 min
Difficulté : très facile - Budget : pas cher

Peut se faire la veille

1 Préchauffez le four th 7 (210 °C). Beurrez un moule à tarte. Étalez la pâte dans le moule. Piquez la pâte à l'aide d'une fourchette et mettez le moule au réfrigérateur pendant 30 minutes.

2 Recouvrez la pâte d'une feuille de papier sulfurisé et déposez-y du riz ou des haricots de cuisson. Faites cuire au four 10 minutes. Sortez le moule du four et retirez le riz ou les haricots de cuisson.

3 Rincez les citrons à l'eau chaude, séchez-les et râpez leur zeste finement. Pressez le jus des citrons, filtrez-le et versez-le dans une casserole. Ajoutez le zeste et le beurre coupé en petits morceaux.

4 Dans un saladier, fouettez les œufs avec le sucre et incorporez-les dans la casserole. Posez-la sur feu doux et faites épaissir pendant 10 minutes sans cesser de remuer.

5 Versez la crème au citron sur la pâte et enfournez à nouveau 20 minutes. Servez la tarte tiède ou froide en saupoudrant les bords de sucre glace.

Vous pouvez remplacer les citrons par des oranges. Pour une tarte meringuée, battez en neige quatre blancs d'œufs, ajoutez 50 g de sucre et continuez de battre 2 minutes. Étalez la meringue sur la tarte et placez au four 10 minutes avant la fin de la cuisson de la tarte.

Bonnezeaux à 7 °C

Ingrédients pour 6 personnes

- 1 rouleau de pâte brisée
- 150 g de sucre en poudre
- 100 g de beurre
- 3 citrons
- 3 œufs
- Du riz ou haricots secs pour la cuisson
- 1 noix de beurre pour le moule
- Sucre glace

Tarte fine aux pommes

Préparation : 20 min - Cuisson : 30 min - Réfrigération : 30 min
Difficulté : facile - Budget : pas cher

Pas cher

1 Préchauffez le four th 7 (210 °C). Étalez la pâte et découpez-la en six cercles à l'aide d'un bol. Piquez-la à l'aide d'une fourchette, puis mettez-la 30 minutes au réfrigérateur.

2 Mettez une feuille de papier sulfurisé sur la plaque du four et disposez les cercles de pâte dessus.

3 Épluchez les pommes. Coupez-les en quatre et retirez les pépins. Recoupez chaque morceau en fines lamelles et disposez-les en cercles concentriques sur le fond de la pâte.

4 Mélangez la cassonade et le sucre vanillé. Saupoudrez la tarte de ce mélange, puis parsemez de noisettes de beurre. Enfournez 30 minutes, puis laissez tiédir.

5 Servez la tarte accompagnée de crème fraîche ou de glace à la vanille.

Parfumez la tarte avec de la cannelle et remplacez le beurre doux par du beurre salé, et surtout gardez la pâte feuilletée au réfrigérateur jusqu'au moment de l'utiliser afin qu'elle soit bien croustillante.

Muscat de Rivesaltes à 8 °C

Ingrédients pour 6 personnes

- 2 rouleaux de pâte brisée
- 8 pommes
- 60 g de beurre doux
- 40 g de cassonade
- 1 sachet de sucre vanillé
- Beurre

Tarte Tatin

Préparation : 20 min - Cuisson : 40 min
Difficulté : facile - Budget : pas cher

Pas cher

1 Préchauffez le four th 7 (210 °C). Pelez les pommes et coupez-les en quartiers.

2 Versez le sucre dans un moule à manqué à bords hauts pouvant aller sur le feu. Ajoutez le beurre coupé en parcelles. Mettez le moule sur feu doux et faites cuire doucement jusqu'à obtention d'un caramel blond.

3 Posez alors les quartiers de pommes dans le caramel et faites-les cuire en les retournant régulièrement jusqu'à ce que les pommes soient tendres et entièrement enrobées de caramel.

4 Quand les pommes sont prêtes, poudrez-les de cannelle. Retirez le moule du feu et laissez refroidir quelques minutes. Posez alors la pâte sur les pommes et, à l'aide du manche d'une cuillère à soupe, rentrez les bords de la pâte entre le moule et les pommes.

5 Enfournez et faites cuire 25 à 30 minutes. La pâte doit être dorée. Sortez le moule du four. Posez un couvercle sur le moule et démoulez aussitôt dans un plat. Servez la tarte tiède avec la crème fraîche.

Afin que le caramel coule bien sur les pommes, démoulez la tarte dès la sortie du four en faisant attention à ne pas vous brûler.

Monbazillac à 7 °C

Ingrédients pour 6 personnes

- 1 rouleau de pâte brisée
- 1,5 kg de pommes (Reinettes ou Boskoop)
- 100 g de beurre
- 200 g de sucre en poudre
- 1 petit pot de crème fraîche épaisse
- 1 cuill. à café de cannelle en poudre

Tartelettes aux fruits rouges

Préparation : 45 min - Cuisson : 40 min - Réfrigération : 1 h
Difficulté : facile - Budget : abordable

☺ Convivial

1 Préparez la pâte : dans une terrine, battez l'œuf et le jaune d'œuf avec le sucre jusqu'à ce que le mélange blanchisse. Ajoutez la farine, puis le sel. Pétrissez la pâte à la main.

2 Faites ramollir le beurre et ajoutez-le à la pâte. Formez une boule et laissez-la reposer au frais pendant 1 heure.

3 Préparez la garniture : rincez les fruits séparément et séchez-les délicatement.

4 Faites fondre le beurre à feu très doux et réservez-le. Dans un saladier, montez les blancs d'œufs avec le sucre et le sucre vanillé, au bain-marie, afin qu'ils deviennent mousseux et fermes. Laissez refroidir. Incorporez très délicatement la Maïzena en pluie, à travers une passoire fine, puis le beurre fondu.

5 Étalez la pâte. Garnissez-en trois moules beurrés Ø 18 cm. Versez-y la crème, puis répartissez les fruits par-dessus en réalisant une tarte par variété de fruits. Faites cuire 40 minutes th 5 (150 °C). Dégustez les tartelettes tièdes, saupoudrées de sucre glace.

Étalez facilement la pâte sablée en l'enroulant au préalable autour du rouleau à pâtisserie. Placez impérativement le moule garni de pâte au réfrigérateur pendant 30 minutes afin que la pâte durcisse bien et que les bords ne s'effondrent pas à la cuisson.

Cabernet d'Anjou demi-sec à 11 °C

Ingrédients pour 6 personnes

Pour la pâte :
- 200 g de farine
- 100 g de sucre en poudre
- 100 g de beurre
- 1 œuf
- 1 jaune d'œuf
- 1 pincée de sel

Pour la garniture :
- 200 g de myrtilles
- 200 g de mûres
- 200 g de cassis
- 80 g de sucre en poudre
- 40 g de Maïzena
- 40 g de beurre
- 2 blancs d'œufs
- 1 sachet de sucre vanillé
- Sucre glace
- 1 noix de beurre pour les moules

Smoothies aux framboises

Préparation : 10 min - Pas de cuisson
Difficulté : très facile - Budget : abordable

Rapide

1 Rincez, séchez et ciselez la menthe.

2 Pressez le citron. Pilez les glaçons dans le bol du blender. Ajoutez les framboises et le jus de citron, et mixez-les. Ajoutez ensuite le sucre en poudre et mixez jusqu'à ce que le mélange soit lisse. Passez la préparation au chinois pour éliminer les grains.

3 Ajoutez les yaourts et les feuilles de menthe ciselées, et mixez à nouveau.

4 Versez aussitôt dans des grands verres et décorez les smoothies d'une feuille de menthe.

Variez les fruits selon les saisons (fraises/framboises, banane/kiwi, myrtilles…) et pour une recette diététique, vous pouvez remplacer les yaourts par 50 cl de lait de soja.

Ingrédients pour 6 personnes

- 1 kg de framboises
- 4 yaourts nature
- 1 citron vert
- 30 g de sucre en poudre
- 3 glaçons
- Quelques feuilles de menthe

Bâtonnets de glace à la fraise

Préparation : 15 min - Pas de cuisson - Sorbetière : 20 min
Difficulté : très facile - Budget : pas cher

Peut se faire la veille

Ingrédients pour 90 cl de glace (pour 6 personnes)

- 500 g de fraises
- 100 g de sucre en poudre
- 30 cl de crème fraîche épaisse
- 1 citron

1 Rincez, séchez et équeutez les fraises. Pressez le jus du citron. Mixez les fraises avec le jus de citron et le sucre pour les réduire en purée.

2 Ajoutez la crème fraîche, puis versez le tout dans la cuve de la sorbetière et suivez le mode d'emploi de l'appareil. Versez la glace dans des moules et introduisez des bâtonnets à la base large des moules. Réservez au congélateur.

3 Dégustez très frais.

Vous pouvez remplacer les fraises par d'autres fruits. Selon les fruits que vous utilisez, filtrez la purée pour éliminer les grains ou les pépins. Si vous n'avez pas de moules à esquimaux, utilisez de grands bacs à glaçons.

Crémant de Loire rosé à 11 °C

Granité de fraises à la glace vanille

Préparation : 20 min - Cuisson : 15 min - Congélation : 1 h 30
Difficulté : facile - Budget : pas cher

Pour les débutants

1 Lavez, séchez et ciselez les feuilles de menthe. Prélevez le zeste du citron. Pressez le citron et réservez le jus. Rincez les fraises à l'eau claire et égouttez-les.

2 Faites chauffer les fraises avec le sucre, l'eau, la menthe, le zeste et le jus du citron. Faites frémir pendant 15 minutes. Égouttez les fraises dans une passoire et réservez le jus de cuisson au frais.

3 Passez le jus de cuisson à travers une passoire fine. Versez-le dans un plat creux et mettez-le au congélateur pendant 1 heure 30. Toutes les 30 minutes, cassez la couche de glace à l'aide d'une fourchette pour former les cristaux du granité.

4 Mettez deux boules de glace à la vanille dans des coupelles individuelles, disposez les fraises par-dessus et terminez par le granité. Servez aussitôt.

Pour un dessert plus allégé, vous pouvez remplacer la glace à la vanille par du fromage frais légèrement sucré.

Montlouis sur Loire mousseux à 9 °C

Ingrédients pour 6 personnes

- 500 g de fraises
- 70 cl d'eau minérale
- 100 g de sucre semoule
- 10 feuilles de menthe
- 1 citron
- 30 cl de glace à la vanille

Parfait à la rhubarbe

Préparation : 40 min - Cuisson : 35 min - Repos : 15 min
Congélation : 6 h - Difficulté : facile - Budget : pas cher

Chic

Ingrédients pour 6 personnes

- 1 kg de rhubarbe
- 300 g de sucre en poudre
- 1 orange
- 50 cl de crème fleurette
- 5 jaunes d'œufs

1 Lavez les tiges de rhubarbe et coupez-les en rondelles. Mettez-les dans une casserole, saupoudrez de 100 g de sucre et laissez reposer 15 minutes. Faites cuire la rhubarbe à feu doux pendant 30 minutes en remuant souvent. Pressez l'orange et ajoutez le jus à la fin de la cuisson.

2 Mettez le reste de sucre dans une casserole avec un demi-verre d'eau. Faites dissoudre le sucre et faites cuire à feu doux jusqu'à formation d'un sirop épais, mais non coloré. Retirez aussitôt du feu.

3 Cassez les œufs en séparant les blancs des jaunes. Travaillez les jaunes dans une terrine au batteur électrique en versant le sirop en filet. Incorporez la compote de rhubarbe et délayez à l'aide d'une cuillère en bois.

4 Montez la crème fleurette en chantilly et incorporez-la, cuillère par cuillère, à la préparation.

5 Versez la préparation dans un moule à charlotte, fermez-le afin d'éviter la formation de cristaux et mettez au congélateur pendant au moins 6 heures.

6 Constituez des boules de glace et servez dans des coupes individuelles accompagnées de tuiles aux oranges.

Allégez le parfait en remplaçant 25 cl de crème par les blancs d'œufs montés en neige. Variez les parfums de cette glace, facile à réaliser sans sorbetière, en remplaçant la rhubarbe par 100 g de miel liquide et deux doses de safran en poudre.

Vouvray mousseux à 9 °C

Sorbet au citron vert et au gingembre

Préparation : 20 min - Cuisson : 10 min - Sorbetière : 20 min
Difficulté : facile - Budget : pas cher

Exotique

1 Rincez les citrons verts à l'eau chaude. Essuyez-les et râpez leur zeste avec une grille fine.

2 Versez le sucre, l'eau, le zeste de citron et le gingembre dans une casserole. Faites fondre le sucre à feu moyen, puis faites bouillir 8 minutes afin d'obtenir un sirop léger.

3 Pressez le jus des citrons verts et le jus du citron jaune. Filtrez le jus et ajoutez les 30 cl de jus de citron vert.

4 Quand le sirop est froid, ajoutez le jus de citron.

5 Remplissez la sorbetière. Turbinez en suivant les instructions de votre sorbetière. Entreposez le sorbet au congélateur dans une boîte plastique fermée afin d'éviter la formation de cristaux.

Vous pouvez préparer de la même manière du sorbet au pamplemousse et au gingembre ou à l'orange et à la cannelle.

Blanquette de Limoux à 7 °C

Ingrédients pour 6 personnes

- 5 citrons verts
- 1 citron jaune
- 1 cuill. à café de gingembre râpé
- 30 cl de jus de citron vert
- 200 g de sucre en poudre
- ½ l d'eau

Brownie

Préparation : 20 min - Cuisson : 20 min - Repos : 10 min
Difficulté : facile - Budget : pas cher

Se congèle facilement

1 Faites fondre 150 g de beurre très doucement. Cassez le chocolat. Mettez-le dans un saladier, ajoutez une cuillère à soupe d'eau et faites-le fondre au micro-ondes pendant 30 secondes à puissance maximale, à trois reprises, en mélangeant bien entre chaque cuisson.

2 Préchauffez le four th 6 (180 °C). Recouvrez une plaque ou un moule de papier sulfurisé et beurrez-le légèrement au pinceau.

3 Versez le beurre sur le chocolat, mélangez, puis ajoutez le sucre vanillé et le sucre en poudre. Battez les œufs en omelette avec le sel et versez-les doucement sur le chocolat en mélangeant bien. Versez la farine en pluie et mélangez afin d'obtenir une pâte homogène. Ajoutez enfin les cerneaux de noix grossièrement hachés.

4 Versez la pâte dans le moule et mettez au four 15 minutes. Éteignez le four et laissez le brownie reposer 10 minutes. Découpez le brownie en parts et dégustez-le tiède ou froid.

Surveillez bien le temps de cuisson, une cuisson trop longue enlèverait tout son côté moelleux au brownie. Placez le brownie au frais si vous ne le dégustez pas rapidement.

Porto à température ambiante

Ingrédients pour 6 personnes

- 250 g de chocolat noir
- 80 g de farine
- 120 g de sucre en poudre
- 60 g de cerneaux de noix
- 3 œufs
- 1 sachet de sucre vanillé
- 1 pincée de sel
- Beurre

Cookies au chocolat

Préparation : 25 min - Cuisson : 20 min - Réfrigération : 1 h
Difficulté : facile - Budget : pas cher

Peut se faire la veille

1. Faites fondre le beurre à feu très doux dans une casserole au bain-marie, puis laissez-le refroidir.
2. Dans un saladier, fouettez l'œuf avec le sucre en poudre, la cassonade et la vanille, puis ajoutez le beurre fondu. Dans un autre saladier, mélangez la farine, la levure et le sel. Tamisez le tout à travers un chinois au-dessus du premier saladier. Remuez bien et ajoutez les pépites de chocolat. Faites une boule et enveloppez la dans du film alimentaire. Réservez 1 heure au réfrigérateur.
3. Préchauffez le four th 7 (210 °C). Couvrez la plaque du four de papier sulfurisé.
4. Prélevez des noix de pâte avec une cuillère à café. Posez-les sur la plaque en les espaçant. Aplatissez-les très légèrement avec le dos d'une cuillère à soupe que vous aurez plongée dans l'eau.
5. Faites cuire 10 minutes au four. Attendez quelques minutes avant de décoller les cookies. Recommencez l'opération jusqu'à épuisement des ingrédients.

N'hésitez pas à préparer les cookies en avance, ils se conserveront plusieurs jours dans une boîte hermétique.

Crémant du Jura à 9 °C

Ingrédients pour 25 cookies

- 150 g de pépites de chocolat noir
- 120 g de beurre
- 220 g de farine
- 100 g de cassonade
- 75 g de sucre en poudre
- 1 œuf
- ½ sachet de levure chimique
- 1 cuillère à soupe de vanille liquide
- 1 pincée de sel

Cannelés

Préparation : 25 min - Cuisson : 1 h 30 - Réfrigération : 12 h
Difficulté : difficile - Budget : pas cher

☺ Convivial

1 La veille, fendez les gousses de vanille en deux dans le sens de la longueur et grattez l'intérieur pour récupérer les graines. Faites bouillir le lait avec les graines et les gousses de vanille, puis laissez infuser en ajoutant le beurre coupé en morceaux.

2 Fouettez les œufs avec le sucre jusqu'à ce que le mélange blanchisse, puis ajoutez la farine tamisée. Versez le lait tiède en le filtrant à travers un chinois et ajoutez le rhum. Mélangez bien et réservez au réfrigérateur toute la nuit dans un récipient hermétique.

3 Le jour-même, préchauffez le four th 8 (240 °C). Faites fondre le beurre. À l'aide d'un pinceau, badigeonnez l'intérieur des moules avec le beurre, puis retournez-les sur du papier absorbant. Mettez-les au réfrigérateur pendant 10 minutes pour que le beurre durcisse, puis répétez l'opération afin que les moules soient bien beurrés. Mélangez la farine et le sucre glace. Remplissez les moules de ce mélange, puis retournez-les. Répétez l'opération et tapez-les fortement sur le plan de travail pour enlever l'excédent de farine.

4 Versez la pâte dans les moules et remplissez-les aux trois quarts. Enfournez et faites cuire 8 minutes à th 8 (240 °C), puis 1 heure 15 à th 6 (170 °C).

5 Attendez 5 minutes, puis démoulez aussitôt les cannelés sur une grille. Dégustez-les tièdes.

Ne réduisez pas le temps de repos de la pâte car il est indispensable à la réussite de la recette. Vous pouvez remplacer le rhum par du miel en réduisant légèrement la quantité de sucre en poudre.

Muscat de Mireval à 7 °C

Ingrédients pour 24 cannelés

- 450 g de sucre en poudre
- 250 g de farine
- 50 g de beurre
- 1 l de lait entier
- 2 œufs
- 4 jaunes d'œufs
- 3 gousses de vanille
- 3 cuill. à soupe de rhum brun
- 50 g de sucre glace

Pour les moules :
- 40 g de beurre
- 50 g de sucre glace
- 50 g de farine

Financiers aux amandes

Préparation : 15 min - Cuisson : 10 min
Difficulté : facile - Budget : pas cher

Pour les débutants

1 Préchauffez le four th 6/7 (200 °C). Faites fondre le beurre.

2 Dans un saladier, tamisez la farine et la levure, puis ajoutez le sucre et le sel. Faites un puits au centre, cassez les œufs un à un et mélangez entre chaque. Versez le lait, les amandes et le beurre fondu. Mélangez bien au fur et à mesure entre chaque ingrédient pour obtenir une pâte lisse.

3 Beurrez une plaque de mini-moules. Versez la préparation dans les moules et faites cuire au four 10 minutes.

4 Saupoudrez de sucre glace et dégustez tiède.

Variez les plaisirs avec des financiers au parfum des îles : ajoutez une cuillère à soupe de rhum dans la pâte, remplacez les amandes par une pincée de cinq épices et enfoncez un morceau de pomme au centre.

Sauternes à 7 °C

Ingrédients pour 12 muffins

- 150 g de farine
- 80 g de sucre en poudre
- 50 g d'amandes émondées
- 3 œufs
- 40 g de beurre
- 10 cl de lait entier
- 1 sachet de levure chimique
- 1 noisette de beurre pour les moules
- 1 pincée de sel
- Sucre glace

Ingrédients pour 6 personnes

- 150 g de farine
- 150 g de poudre d'amande
- 150 g de sucre en poudre
- 150 g de beurre
- 6 blancs d'œufs
- Quelques gouttes de colorant

Pour la crème au beurre :

- ¼ l de lait
- 2 jaunes d'œufs
- 20 g de farine
- 100 g de beurre ramolli
- 100 g de sucre en poudre
- 1 sachet de sucre vanillé
- Parfums : extrait de café, extrait de vanille, poudre de cacao, purée de framboises…

Macarons

Préparation : 1 h - Cuisson : 30 min
Difficulté : difficile - Budget : pas cher

❄ Se congèle facilement

1 Préparez les macarons : mélangez la farine, le sucre et la poudre d'amande. Incorporez le beurre ramolli et le colorant alimentaire. Fouettez les blancs en neige et incorporez-les également.

2 Préchauffez le four th 6 (180 °C). À l'aide d'une douille, faites des petits tas de pâte sur une plaque recouverte de papier sulfurisé. Badigeonnez la surface à l'aide d'un pinceau trempé dans de l'eau, en appuyant légèrement. Faites cuire 12 minutes. Versez un demi-verre d'eau froide entre la plaque et le papier sulfurisé. Après 3 minutes, décollez les biscuits. Recommencez jusqu'à épuisement de la pâte.

3 Préparez la garniture : portez le lait à ébullition. Fouettez les jaunes d'œufs avec la moitié du sucre. Ajoutez la farine, puis versez le lait chaud en fouettant sans arrêt. Transvasez le mélange dans la casserole et faites cuire jusqu'à épaississement. Laissez la crème refroidir en remuant régulièrement.

4 Divisez la crème en quatre parties et incorporez les parfums. Fouettez le beurre ramolli avec le reste de sucre et incorporez-le aux crèmes parfumées.

5 À l'aide d'une poche à douille lisse, garnissez la moitié des macarons de crème et recouvrez d'un deuxième macaron en pressant doucement. Gardez au frais jusqu'au moment de servir.

Pour bien réussir le mélange des crèmes parfumées avec le beurre, les deux préparations doivent être tièdes à une température identique. Les macarons se congèlent très bien : préparez-en une grande quantité, congelez-les dans des boîtes en plastique hermétiques et décongelez-les à température ambiante.

Seyssel mousseux à 9 °C

Muffins aux myrtilles

Préparation : 15 min - Cuisson : 15 min
Difficulté : facile - Budget : pas cher

Peut se faire la veille

1 Préchauffez le four th 7 (210 °C). Découpez le papier sulfurisé en six rectangles et beurrez-les. Faites fondre le beurre. Lavez et séchez les myrtilles.

2 Dans un saladier, mélangez la farine et la levure tamisée, le sucre et le sel. Faites un puits au centre et versez le lait, les œufs un à un et le beurre fondu en mélangeant bien. Incorporez délicatement les myrtilles.

3 Disposez les rectangles de papier sulfurisé en cône dans des moules ronds. Versez la préparation dans les cornets de papier et mettez au four 5 minutes. Baissez ensuite la température du four th 6 (180 °C) et poursuivez la cuisson 10 minutes. Retirez les muffins des moules et nouez chaque cône de papier avec une ficelle.

4 Saupoudrez de sucre glace et dégustez tiède.

Variez les parfums des muffins : poires/chocolat, pommes, raisins trempés dans un peu de cognac… et testez aussi les muffins salés : jambon/olives, jambon cru/figues, féta…

Crémant de Bourgogne rosé à 7 °C

Ingrédients pour 6 muffins

- 100 g de myrtilles
- 150 g de farine
- 80 g de sucre en poudre
- 3 œufs
- 40 g de beurre
- 10 cl de lait entier
- 1 sachet de levure chimique
- 1 noisette de beurre pour le papier sulfurisé
- 1 pincée de sel
- Sucre glace

Index par ingrédients

Fruits

Abricot

Avocat

Banane

Cerises

Citron

Citron vert

Figues

Fraises

Framboises

Fruits rouges

Kiwi

Mûres

Myrtilles

Orange

Pamplemousse

Pêche

Poire

Pomme

Rhubarbe

Légumes

Aubergine

Blettes

Bock choy

Carottes

Céleri

Concombre

Courgette

Échalote

Haricots verts

Navet

Oignon

Oignon blanc

Petits pois

Poireau

Pois gourmands

Poivron

Pomme de terre

Potiron

Tomate

Crèmerie

Alcool

Épicerie

Crédits iconographiques et textes des recettes : STOCKFOOD / STUDIO X

PHOTOGRAPHES : Alack p. 74-119 / Arras p. 36-111 / Bacon p. 13-21 / Bartley p. 14 / Baxter p. 86 / Beisch p. 7-59 / Bender p.104 / Bialy p. 137 / Blessing p. 20 / Bonisolli p. 40 / Bowey p. 38-47 / Boyer p. 93 / Boyny p. 11-37-118 / Brauner p. 63 / Brown p. 49 / Carrier p. 28-46 / Caste p. 121 / Cazals p. 8-66-67-75-76-79-81-92-97-116-145 / Drool Ltd. p. 64 / Eising p. 10-12-17-22-24-30-52-53-60-77-98-99-106-122-129-151-152 / Eriksson p. 149 / Finley p. 9-23-157-158 / Fisher 18 / Food Art Factory p. 94 / Garlick p. 39-69-88-100 / Heinze p. 41-61-143-147 / Holsten/Koops p.26 / Hrbkova p. 29-54-84-155 / Kia Nu p.107-146 / King p. 32-121-154 / Koeb p. 31 / Lanneretonne p. 156 / Lehmann/Koops p. 45 / Leplat p. 123 / Levy p. 72 / Lister p. 15-19-34-55-71-80-82-83-102-114-131-132-135-136-140-141-144 / Loftus p. 85-120-128-130-153-159 / Miksch p. 90 / Morath p. 142 / Moretto p. 33 / Morgans p. 35-134 / Nobile p. 95 / Norwood Browne p. 148 / Oftedal p. 27 / Paul p. 16-89-113-117-133 / Plewinski p. 50-51-62-70-103-150 / Radvaner p. 124 / Ranung p. 43-125 / Reavell p. 42 / Rozenbaum p. 68 / Rynio p. 6-58 / Shaffer Smith p. 110 / Smend p. 87 / Sporrer/Skowrone p. 115 / Stowell p. 44-101-105 / Studio Adna p. 139 / Treloar p. 91-96-112 / Urban p. 78-126 / van Berge p. 65-73 / West p. 138 / Wieder p. 48 / Winkelmann p. 25

Conception et adaptation : Idées Book
Création et mise en page : a linea infographie & création
Code Éditeur : 2-35086
Dépôt légal : Janvier 2008
Imprimé et relié en France